Das Grundschulwörterbuch Englisch

3. aktualisierte Auflage

von Ute Müller-Wolfangel und Cornelia Pardall
muttersprachliche Beratung durch David Wilson

mit Bildern von Kerstin Meyer

Dudenverlag
Mannheim · Zürich

Eine Trainings-CD-ROM zum Grundschulwörterbuch Englisch
ist im Download-Shop unter www.duden.de erhältlich.

Bibliografische Information der Deutschen Nationalbibliothek
Die Deutsche Nationalbibliothek verzeichnet diese Publikation
in der Deutschen Nationalbibliografie;
detaillierte bibliografische Daten sind im Internet
über http://dnb.ddb.de abrufbar.

D C B A
Bibliographisches Institut GmbH
Dudenstraße 6, 68167 Mannheim

Redaktionelle Leitung: Katja Schüler
Redaktion: Anja Fischer
Herstellerische Leitung: Claudia Rönsch
Layout, Satz: juhu media, Susanne Dölz, Bad Vilbel
Umschlaggestaltung: Mischa Acker
Druck und Bindung: Mohn media Mohndruck GmbH
Carl-Bertelsmann-Straße 161 M, 33311 Gütersloh

Printed in Germany
ISBN: 978-3-411-71943-3

Wie dir dein Wörterbuch beim Englischlernen hilft

Englisch hast du schon immer gelernt. T-Shirt, Computer, Skateboard: Das sind englische Wörter, die du schon lange kennst. In der Schule, in der Freizeit und beim Sport hörst und liest du dauernd englische Wörter, die neu für dich sind. Wenn du wissen willst, was sie bedeuten oder wie man sie schreibt, dann brauchst du ein Wörterbuch. Oder möchtest du vielleicht einmal selbst etwas auf Englisch sagen oder schreiben? Dein Wörterbuch ist dir immer behilflich!

Am praktischsten ist es, wenn du es ständig griffbereit hast: in der Schule, bei den Hausaufgaben und im Urlaub. Liegt es auf deinem Schreibtisch? Ist es in deiner Schultasche? Hast du es in deinem Urlaubsgepäck?

Nur, wer viel mit dem Wörterbuch arbeitet, wird ein sicherer Nachschlager oder eine sichere Nachschlagerin. Du kannst das mit dem Training beim Sport vergleichen: Je öfter du trainierst, umso geschickter und sicherer wirst du.

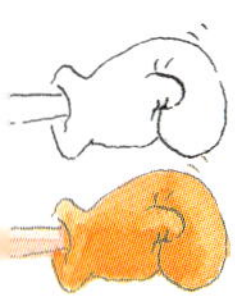

Damit es Spaß macht, muss das richtige Nachschlagen geübt werden. Zuerst musst du wissen, wie es geht. Gleich auf den nächsten Seiten findest du dazu viele Tipps. Bei der richtigen Aussprache der englischen Wörter ist die Lauttabelle auf Seite 5 nützlich.

Das Wichtigste an diesem Wörterbuch ist, dass du dir beim Englischlernen selbst helfen kannst. Es muss kein Freund und keine Freundin, keine Lehrerin und kein Lehrer, keine Mutter und kein Vater in der Nähe sein, wenn du nicht genau weißt, wie ein deutsches Wort auf Englisch oder ein englisches Wort auf Deutsch heißt oder wie es geschrieben wird. Du kannst fast alle Probleme ganz allein mit deinem Wörterbuch lösen.

Inhalt

Lautschrifttabelle 5
Nachschlagetipps 6

Wörterlisten

Englisch – Deutsch 10
Deutsch – Englisch 88

Bild-Wort-Tafeln

The body – Der Körper 164
Clothes – Die Kleidung 166
The family – Die Familie 168
At home – Zu Hause 170
At school – In der Schule 172
In town – In der Stadt 174
Food and drink – Essen und trinken 176
Animals – Tiere 178
Nature – Natur 180
The year – Das Jahr 182

Besondere Wörter

Zahlen, Uhrzeiten und Verhältniswörter 184
Pronomen und besondere Nomen 186
Besondere Verben 188
Noch mehr schwierige Wörter und die Farben 191

Lautschrifttabelle

ɑː	wie in warm	arm
e	wie in Fleck	egg
iː	wie in Wiese	knee
ɪ	wie in Tisch	pig
ɒ	wie in Frosch	frog
ʊ	wie in Hund	foot
uː	wie in Blume	cool
ə	wie in Mutter	mother
aɪ	wie in Kleid	bike
aʊ	wie in blau	cow
ɔɪ	wie in neu	toy
ɪə	wie in Tier	ear
eə	wie in Meer	hair
ŋ	wie in Ballon	long
s	wie in Skelett	sofa
z	wie in Salat	zoo
ʃ	wie in Schule	shirt
tʃ	wie in tschüs	child
dʒ	wie in Dschungel	juice
v	wie in Vampir	voice
æ	Fast wie in Bär	fat
ɔː	Fast wie in Horn	ball
ʌ	Fast wie in Stadt	puppet
ɜː	Fast wie in stört	bird

Diese Laute gibt es nur im Englischen.

eɪ	Monday
əʊ	pony
r	rabbit
ʒ	television
θ	tooth
ð	father
w	water

wie im Deutschen

b	banana
d	doll
f	fish
g	garden
h	hand
j	yellow
k	cap
l	lemon
m	milk
n	nose
p	pink
t	taxi

Nachschlagetipps

Schlage in der richtigen Wörterliste nach.

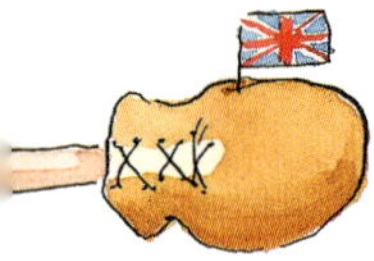

Wenn du nicht weißt,
was ein englisches Wort bedeutet,
suche auf den Seiten .... 10–85.

Wenn du wissen willst,
wie ein Wort auf Englisch heißt,
dann suche auf den Seiten .... 88–163.

Suche nach dem Anfangsbuchstaben des Wortes, dann nach dem zweiten und dritten Buchstaben.

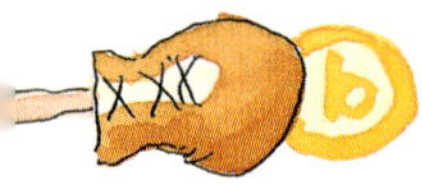

bicycle findest du in der englischen Liste unter dem Buchstaben **B**.

Fahrrad findest du in der deutschen Liste unter dem Buchstaben **F**.

Manchmal findest du in den Wörterlisten mehr als eine Übersetzung. Entscheide, welche am besten passt. Oft helfen dir dabei kurze Erklärungen und Beispiele.

groß	big, great, large, tall
große Füße	big feet
eine große (großartige) Party	a great party
ein großes Stück Kuchen	a large piece of cake
eine große Frau	a tall woman

Gib nicht auf, wenn du ein Wort, das du nur gehört hast, nicht gleich findest. Im Englischen gibt es viele Laute, die mit unterschiedlichen Buchstaben abgebildet werden.

Laute	**Buchstaben**	**Beispiele**
j	u/y	**u**niform, **y**ear
k	c/k	**c**ake, **k**ing
s	c/s	**c**entre, **s**un
dʒ	j/g	**j**uice, **g**iraffe
ʌ	o/u	**o**nion, **u**ncle
aʊ	ow/ou	**cow**, **out**
ɔɪ	oy/oi	**toy**, b**oi**l
eə	ai/ea/a	**ai**r, w**ea**r, sh**a**re
ʃ	sh/ch/s	**sh**irt, ma**ch**ine, **s**ugar
eɪ	a/ay/ei/ai	**A**pril, Mond**ay**, w**ei**ght, w**ai**ter
ɜː	i/o/u/e/ea	b**i**rd, w**o**rd, h**u**rt, w**e**re, l**ea**rn
ɪ	e/i/y	**e**leven, **i**n, prett**y**
ɔː	au/o/a	**au**tumn, c**o**rner, s**a**lt
aɪ	i/y	b**i**ke, tr**y**

Die Lautschrift hinter oder unter den englischen Wörtern zeigt dir, wie du sie richtig aussprichst. Auf Seite 5 ist eine Lauttabelle, die dir hilft.

Suche Nomen in der Einzahl, Verben in der Grundform und Adjektive in der Grundstufe.

Suche nicht	**apples**,	sondern	**apple**.
Suche nicht	**Bäume**,	sondern	**Baum**.
Suche nicht	**looked**,	sondern	**look**.
Suche nicht	**gelaufen**,	sondern	**laufen**.
Suche nicht	**larger**,	sondern	**large**.
Suche nicht	**reicher**,	sondern	**reich**.

Bei besonders schwierigen und unregelmäßigen Nomen, Verben und Adjektiven findest du mehrere Formen in deinem Wörterbuch.

Du findest	**knife**	und	**knives**.
Du findest	**go, went**	und	**gone**.
Du findest	**good, better**	und	**best**.

Wenn du ein Nomen suchst, findest du beim deutschen Wort auch den Artikel **der**, **die** oder **das**. Im Englischen ist der Artikel immer der gleiche: **the**. Deshalb steht er nicht jedes Mal dabei.

die Ameise heißt auf Englisch **the ant**

Wenn du ein zusammengesetztes englisches Nomen nicht findest, dann zerlege es und suche beide Wörter. Genauso funktioniert es oft bei deutschen Wörtern.

Suche	**toothbrush**	unter	**tooth**	und unter	**brush**.
Suche	**Zahnbürste**	unter	**Zahn**	und unter	**Bürste**.

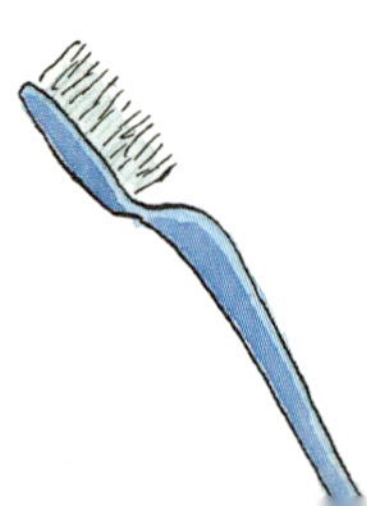

Es kann vorkommen, dass du ein deutsches Wort nicht findest. Denn in deinem Wörterbuch stehen nicht alle Wörter, die es gibt. Sonst wäre es so dick und schwer, dass du es kaum heben könntest. Überlege dir einfach ein anderes Wort, das auch passt, und schlage darunter nach.

Suche statt **Torte** das Wort **Kuchen**.
Suche statt **heulen** das Wort **weinen**.

Achte auf diese Zeichen:

 bedeutet: Das ist ein Wort, das nur in britischem Englisch so heißt oder geschrieben wird.

 bedeutet: Das ist ein Wort, das in dieser Form besonders im amerikanischen Englisch benutzt wird.

→ bedeutet: Dieser Pfeil führt dich bei schwierigen Verben und anderen schwierigen Wörtern zur Grundform und bei schwierigen Nomen zur Einzahl. Dort findest du auch die Lautschrift.

	a ə		ein, eine
	a banana		eine Banane
to be	**able to** 'eɪbl tə		können
	about ə'baʊt		um ... herum, ungefähr
	above ə'bʌv		über, oberhalb
to	**accept** ək'sept		annehmen
	accident 'æksɪdənt	der	Unfall
	ache eɪk	der	Schmerz
	across ə'krɒs		über
	activity æk'tɪvɪtɪ	die	Aktivität, die Tätigkeit
to	**add** æd		addieren, hinzufügen
	address ə'dres	die	Adresse
	adult 'ædʌlt	der	Erwachsene, die Erwachsene
	aeroplane (GB) 'eərəpleɪn	das	Flugzeug
to be	**afraid** ə'freɪd		Angst haben
	Africa 'æfrɪkə		Afrika
	after 'ɑːftə		nach, danach, hinterher
	afternoon ɑːftə'nuːn	der	Nachmittag
	again ə'gen		wieder
	against ə'genst		gegen
	age eɪdʒ	das	Alter
	ago ə'gəʊ		vor
	two days ago		vor zwei Tagen
to	**agree** ə'griː		einverstanden sein
	air eə	die	Luft
	airplane (US) 'erpleɪn	das	Flugzeug
	airport 'eəpɔːt	der	Flughafen
	alarm clock ə'lɑːm klɒk	der	Wecker
	alien 'eɪlɪən		fremd, ausländisch

	alive	ə'laɪv		lebendig
	all	ɔːl		alle, alles
	all right			in Ordnung
to	**allow**	ə'laʊ		erlauben
	almost	'ɔːlməʊst		fast, beinahe
	alone	ə'ləʊn		allein
	along	ə'lɒŋ		entlang, weiter
	a lot of	ə lɒt əv		viel, viele
	alphabet	'ælfəbet	das	Alphabet
	already	ɔːl'redɪ		schon, bereits
	also	'ɔːlsəʊ		auch
	altogether	ɔːltə'geðə		insgesamt, völlig
	always	'ɔːlweɪz		immer
	am	æm		→ to be
	I am (I'm)			ich bin
	a.m.	eɪ'em		vormittags (Uhrzeit)
	10 a.m.			10 Uhr (vormittags)
	ambulance	'æmbjʊləns	der	Krankenwagen
	America	ə'merɪkə		Amerika
	American	ə'merɪkən		amerikanisch
	an	ən		ein, eine
	an orange			eine Orange
	and	ænd		und
	angel	'eɪndʒl	der	Engel
	angry	'æŋgrɪ		böse, wütend
	animal	'ænɪməl	das	Tier
	another	ə'nʌðə		noch einer/noch eine/ noch eins, ein anderer/eine andere/ ein anderes
	answer	'ɑːnsə	die	Antwort
to	**answer**	'ɑːnsə		antworten
	ant	ænt	die	Ameise
	any	'enɪ		(irgend)ein/(irgend)eine
	anybody	'enɪbɒdɪ		(irgend)jemand
	anyone	'enɪwʌn		(irgend)jemand
	anything	'enɪθɪŋ		(irgend)etwas

A B C D E F G H I J K L M N O P Q R S T U V W X Y Z

	apartment  ə'pɑːrtmənt	die	Wohnung, das Apartment
	ape eɪp	der	Affe
	apple 'æpl	der	Apfel
	apricot 'eɪprɪkɒt	die	Aprikose
	April 'eɪprəl	der	April
	aquarium ə'kweərɪəm	das	Aquarium
	are ɑː		→ to be
	you are (you're)		du bist/ihr seid
	we are (we're)		wir sind
	they are (they're)		sie sind
to	**argue** 'ɑːgjuː	sich	streiten
	arm ɑːm	der	Arm
	armchair 'ɑːmtʃeə	der	Sessel
	around ə'raʊnd		um ... herum
	arrival ə'raɪvl	die	Ankunft
to	**arrive** ə'raɪv		ankommen
	arrow 'ærəʊ	der	Pfeil
	as æz		wie
	as ... as æz ... æz		so ... wie
	as tall as		so groß wie
	Asia 'eɪʃə		Asien
to	**ask** ɑːsk		fragen
	astronaut 'æstrənɔːt	der	Astronaut, die Astronautin
	at ət		an, um, in
	ate		→ to eat
	attention ə'tenʃn	die	Aufmerksamkeit
	attic 'ætɪk	der	Dachboden, das Dachgeschoss
	August 'ɔːgəst	der	August
	aunt ɑːnt	die	Tante
	Australia ɒ'streɪlɪə		Australien
	Austria 'ɒstrɪə		Österreich
	Austrian 'ɒstrɪən		österreichisch
	autumn  'ɔːtəm	der	Herbst
to be	**awake** ə'weɪk		wach sein
	away ə'weɪ		weg, fort

	baby 'beɪbɪ	das	Baby
	babysitting 'beɪbɪsɪtɪŋ	das	Babysitting
	back bæk	der	Rücken, zurück
	bacon 'beɪkn	der	Speck
	bad – worse – worst bæd – wɜːs – wɜːst		schlecht – schlechter – am schlechtesten
	bag bæg	die	Tasche
to	**bake** beɪk		backen
	baker 'beɪkə	der	Bäcker, die Bäckerin
	balcony 'bælkənɪ	der	Balkon
	ball bɔːl	der	Ball
	ballet 'bæleɪ	das	Ballett
	balloon bə'luːn	der	Luftballon
	ballpoint (pen) 'bɔːlpɔɪnt	der	Kuli, der Kugelschreiber
	banana bə'nɑːnə	die	Banane
	band bænd	die	Band (Musikgruppe)
	bank bæŋk	die	Bank (Geldinstitut)
	barbecue 'bɑːbɪkjuː	der	Grill, die Grillparty
to	**bark** bɑːk		bellen
	baseball 'beɪsbɔːl	der	Baseball
	basement 'beɪsmənt	der	Keller
	basket 'bɑːskɪt	der	Korb
	basketball 'bɑːskɪtbɔːl	der	Basketball
	bath bɑːθ	das	Bad, die Badewanne
	bathing suit 'beɪðɪŋ suːt	der	Badeanzug
	bathrobe 'bɑːθrəʊb	der	Bademantel
	bathroom 'bɑːθruːm	das	Badezimmer, das Bad
	bathtub 'bɑːθtʌb	die	Badewanne
	battery 'bætərɪ	die	Batterie

a b c d e f g h i j k l m n o p q r s t u v w x y z

to **be – was/were – been** bi: – wɒz/wɜ: – bi:n		sein
beach bi:tʃ	der	Strand
bean bi:n	die	Bohne
bear beə	der	Bär
beard bɪəd	der	Bart
beautiful 'bju:tɪfl		schön
because bɪ'kɒz		weil
bed bed	das	Bett
bedroom 'bedru:m	das	Schlafzimmer
bee bi:	die	Biene
beef bi:f	das	Rind, das Rindfleisch
been		→ to be
beetle 'bi:tl	der	Käfer
before bɪ'fɔ:		vor, bevor
to **begin – began – begun** bɪ'gɪn – bɪ'gæn – bɪ'gʌn		anfangen, beginnen
behind bɪ'haɪnd		hinter
Belgium 'beldʒəm		Belgien
to **believe** bɪ'li:v		glauben
bell bel	die	Glocke, die Klingel
belt belt	der	Gürtel
bench bentʃ	die	Bank (zum Sitzen)
beside bɪ'saɪd		neben
best		→ good
better		→ good

beetles

	between	bɪ'twiːn		zwischen
	bicycle	'baɪsɪkl	das	Fahrrad
	big	bɪg		groß
	bike	baɪk	das	Fahrrad
	bikini	bɪ'kiːnɪ	der	Bikini
	bird	bɜːd	der	Vogel
	birthday	'bɜːθdeɪ	der	Geburtstag
	biscuit	'bɪskɪt	der	Keks
	bit	bɪt	das	Stück, → to bite
	a bit			ein bisschen
	bite	baɪt	der	Biss
to	**bite – bit – bitten**	baɪt – bɪt – 'bɪtn		beißen
	bitter	'bɪtə		bitter
	black	blæk		schwarz
	blackboard	'blækbɔːd	die	Tafel
	blackcurrant	blæk'kʌrənt	die	Schwarze Johannisbeere
	blanket	'blæŋkɪt	die	Decke (zum Zudecken)
	blew			→ to blow
	blind	blaɪnd		blind
	blood	blʌd	das	Blut
	blouse	blaʊz	die	Bluse
to	**blow – blew – blown**	bləʊ – bluː – bləʊn		blasen, wehen
	blue	bluː		blau
	board	bɔːd	das	Brett
	boat	bəʊt	das	Boot
	body	'bɒdɪ	der	Körper
to	**boil**	bɔɪl		kochen
	bone	bəʊn	der	Knochen
	book	bʊk	das	Buch
	boot	buːt	der	Stiefel
to be	**bored**	bɔːd	sich	langweilen
	boring	'bɔːrɪŋ		langweilig
to be	**born**	bɔːn		geboren sein
to	**borrow**	'bɒrəʊ		ausleihen
	boss	bɒs	der	Chef, der Boss

A B C D E F G H I J K L M N O P Q R S T U V W X Y Z

	both	bəʊθ		beide
	bottle	ˈbɒtl	die	Flasche
	bottom	ˈbɒtəm	der	Po, der Boden
	bought			→ to buy
	bowl	bəʊl	die	Schüssel
	bowling	ˈbəʊlɪŋ	das	Bowling
	box	bɒks	die	Schachtel
	boy	bɔɪ	der	Junge
	boyfriend	ˈbɔɪfrend	der	Freund
	bread	bred	das	Brot
	break	breɪk	die	Pause
to	**break – broke – broken**	breɪk – brəʊk – ˈbrəʊkn		brechen, kaputtmachen
	breakfast	ˈbrekfəst	das	Frühstück
to	**breathe**	briːð		atmen
	bridge	brɪdʒ	die	Brücke
	bright	braɪt		hell
to	**bring – brought – brought**	brɪŋ – brɔːt – brɔːt		bringen
	Britain	ˈbrɪtn		Großbritannien
	British	ˈbrɪtɪʃ		britisch
	broke – broken			→ to break
	broom	bruːm	der	Besen
	brother	ˈbrʌðə	der	Bruder
	brought			→ to bring
	brown	braʊn		braun
	brush	brʌʃ	der	Pinsel, die Bürste
to	**brush**	brʌʃ		bürsten
	bubble	ˈbʌbl	die	Blase
	bucket	ˈbʌkɪt	der	Eimer
	budgie	ˈbʌdʒɪ	der	Wellensittich
to	**build – built – built**	bɪld – bɪlt – bɪlt		bauen
	building	ˈbɪldɪŋ	das	Gebäude
to	**bump**	bʌmp		anstoßen, stoßen
	bun	bʌn	das	(süße) Brötchen
	bunny	ˈbʌnɪ	das	Häschen

	burger	'bɜːgə	der	Hamburger
to	**burn – burnt – burnt**	bɜːn – bɜːnt – bɜːnt		brennen, verbrennen
	bus	bʌs	der	Bus
	bus stop	'bʌs stɒp	die	Bushaltestelle
	bush	bʊʃ	der	Busch
	busy	'bɪzɪ		beschäftigt
	but	bʌt		aber, sondern
	butcher	'bʊtʃə	der	Metzger, die Metzgerin
	butter	'bʌtə	die	Butter
	butterfly	'bʌtəflaɪ	der	Schmetterling
	button	'bʌtn	der	Knopf, der Button
to	**buy – bought – bought**	baɪ – bɔːt – bɔːt		kaufen
	by	baɪ		an, von
	bye, bye-bye	baɪ, baɪ'baɪ		tschüs, tschüss

	cab 	kæb	das	Taxi
	cage	keɪdʒ	der	Käfig
	cake	keɪk	der	Kuchen
to	**calculate**	'kælkjʊleɪt		rechnen
	calculator	'kælkjʊleɪtə	der	Taschenrechner
	calendar	'kælɪndə	der	Kalender
to	**call**	kɔːl		rufen, nennen, anrufen
	call box 	'kɔːl bɒks	die	Telefonzelle
	came			→ to come
	camel	'kæml	das	Kamel
	camera	'kæmərə	die	Kamera, der Fotoapparat
to	**camp**	kæmp		zelten, campen

a b c d e f g h i j k l m n o p q r s t u v w x y z

careful

	can	kæn	die	Dose
	can – could	kæn – kʊd		können
	Canada	'kænədə		Kanada
to	**cancel**	'kænsl		absagen
	candle	kændl	die	Kerze
	cap	kæp	die	Kappe, die Mütze, der Deckel
	capital	'kæpɪtl	die	Hauptstadt
	captain	'kæptɪn	der	Kapitän
	car	kɑː	das	Auto
	car park	'kɑː pɑːk	der	Parkplatz
	card	kɑːd	die	Karte
	careful	'keəfl		vorsichtig, sorgfältig
	carpet	'kɑːpɪt	der	Teppich
	carrot	'kærət	die	Karotte, die Möhre
to	**carry**	'kærɪ		tragen
	cartoon	kɑː'tuːn	der	Cartoon, der Zeichentrickfilm
	cassette	kə'set	die	Kassette
	cassette recorder	kə'set rɪkɔːdə	der	Kassettenrekorder
	castle	'kɑːsl	die	Burg, das Schloss
	cat	kæt	die	Katze
to	**catch – caught – caught**	kætʃ – kɔːt – kɔːt		fangen
	cave	keɪv	die	Höhle
	CD (compact disc)	siː'diː	die	CD
	CD player	siː'diː pleɪə	der	CD-Spieler

	CD-ROM	si:di:'rɒm	die	CD-ROM
	ceiling	'si:lɪŋ	die	(Zimmer)decke
to	**celebrate**	'selɪbreɪt		feiern
	cellar	'selə	der	Keller
	cellular phone, cellphone	seljʊlə 'fəʊn, 'selfəʊn	das	Handy
	cent	sent	der	Cent
	centimetre, **centimeter**	'sentɪmi:tə, 'sentɪmi:tər	der	Zentimeter
	centre, **center**	'sentə, 'sentər	die	Mitte, das Zentrum
	cereal	'sɪərɪəl	das	Getreide
	chair	tʃeə	der	Stuhl
	chalk	tʃɔ:k	die	Kreide
	champion	'tʃæmpɪən	der	Meister (Sport)
	chance	tʃɑ:ns	die	Chance, die Gelegenheit
	change	'tʃeɪndʒ	das	Kleingeld, die Änderung
to	**change**	'tʃeɪndʒ		wechseln, verändern
	channel	'tʃænl	der	Kanal
	charts	tʃɑ:ts	die	Hitliste, die Charts
	chat	tʃæt	das	Schwätzchen, der Chat
to	**chat**	tʃæt		plaudern, chatten
	chat show	'tʃæt ʃəʊ	die	Talkshow
	cheap	tʃi:p		billig
to	**check**	tʃek		kontrollieren, überprüfen
	cheek	tʃi:k	die	Backe, die Wange
to	**cheer**	tʃɪə		zujubeln
	cheese	tʃi:z	der	Käse
	cherry	'tʃerɪ	die	Kirsche
	chest	tʃest	die	Brust
	chewing gum	'tʃu:ɪŋgʌm	das	Kaugummi, der Kaugummi
	chicken	'tʃɪkɪn	das	Hähnchen, das Huhn
	child – children	tʃaɪld – 'tʃɪldrən	das	Kind – die Kinder

	children's room	'tʃɪldrənz ruːm	das	Kinderzimmer
	chilly	'tʃɪlɪ		kühl
	chimney	'tʃɪmnɪ	der	Schornstein
	chips	tʃɪps	die	Pommes frites
	chips	tʃɪps	die	Chips
	chocolate	'tʃɒklət	die	Schokolade
	choice	tʃɔɪs	die	Wahl
to	**choose – chose – chosen**	tʃuːz – tʃəʊz – tʃəʊzn		wählen, auswählen
	Christmas	'krɪsməs	das	Weihnachten
	church	tʃɜːtʃ	die	Kirche
	cinema	'sɪnɪmə	das	Kino
	circle	'sɜːkl	der	Kreis
	circus	'sɜːkəs	der	Zirkus
	city	'sɪtɪ	die	(Groß)stadt
	city hall	sɪtɪ 'hɔːl	das	Rathaus
to	**clap**	klæp		klatschen
	class	klɑːs	die	Klasse
	classroom	'klɑːsruːm	das	Klassenzimmer
	clean	kliːn		sauber
to	**clean**	kliːn		putzen
	clear	klɪə		klar, rein
	clever	'klevə		klug, clever
to	**climb**	klaɪm		klettern
	clock	klɒk	die	Uhr
	close	kləʊs		nahe, dicht
to	**close**	kləʊz		schließen, zumachen
	closed	kləʊzd		geschlossen
	closet	'klɒzɪt	der	Kleiderschrank
	clothes	kləʊðz	die	Kleidung
	cloud	klaʊd	die	Wolke
	cloudy	'klaʊdɪ		bewölkt
	clown	klaʊn	der	Clown
	club	klʌb	der	Klub/Club
	coach	kəʊtʃ	die	Kutsche, der Wagen, der Trainer

coast kəʊst	die	Küste
coat kəʊt	der	Mantel
cock kɒk	der	Hahn
cockpit 'kɒkpɪt	das	Cockpit
code kəʊd	der	Code/Kode
coffee 'kɒfɪ	der	Kaffee
coin kɔɪn	die	Münze
cold kəʊld		kalt, die Erkältung
to **collect** kə'lekt		sammeln
colour, **color** 'kʌlə, 'kʌlər	die	Farbe
to **colour**, **to color** 'kʌlə, 'kʌlər		anmalen, einfärben
colourful, **colorful** 'kʌləfl, 'kʌlərfl		bunt
comb kəʊm	der	Kamm
to **comb** kəʊm		kämmen
to **come – came – come** kʌm – keɪm – kʌm		kommen
comfortable 'kʌmfətəbl		bequem
comic 'kɒmɪk	der	Comic, das Comicheft
to **compare** kəm'peə		vergleichen
computer kəm'pju:tə	der	Computer
concert 'kɒnsət	das	Konzert

to compare

A B C D E F G H I J K L M N O P Q R S T U V W X Y Z

to	**congratulate**	kən'grætjʊleɪt		gratulieren
	container	kən'teɪnə	der	Behälter, der Container
to	**continue**	kən'tɪnjuː		fortsetzen, weitermachen
	cook	kʊk	der	Koch, die Köchin
to	**cook**	kʊk		kochen
	cookie 	'kʊkɪ	der	Keks
	cool	kuːl		kühl, cool
	copy	'kɒpɪ	die	Kopie
to	**copy**	'kɒpɪ		kopieren, abschreiben
	corn	kɔːn	der	Mais
	corner	'kɔːnə	die	Ecke
	cornflakes	'kɔːnfleɪks	die	Cornflakes
to	**correct**	kə'rekt		verbessern, korrigieren
to	**cost – cost – cost**	kɒst – kɒst – kɒst		kosten
	costume	'kɒstjuːm	das	Kostüm
to	**cough**	kɒf		husten
	could			→ can
to	**count**	kaʊnt		zählen
	countdown	'kaʊntdaʊn	der	Countdown, das Countdown
	country	'kʌntrɪ	das	Land
	couple	kʌpl	das	Paar
of	**course**	kɔːs		natürlich
	court	kɔːt	der	Hof, das Spielfeld (Tennis, Squash)
	cousin	'kʌzn	der	Cousin, die Cousine/ Kusine
	cover	'kʌvə	die	Decke (zum Zudecken), der Deckel
to	**cover**	'kʌvə		bedecken
	cow	kaʊ	die	Kuh
	cowboy	'kaʊbɔɪ	der	Cowboy
to	**crash**	kræʃ		zusammenstoßen
to	**crawl**	krɔːl		kriechen
	crayon	'kreɪən	der	Wachsmalstift
	crazy	'kreɪzɪ		verrückt

	cream kriːm	die	Sahne
	cricket ˈkrɪkɪt	das	Kricket
	crisps 🇬🇧 krɪsps	die	Kartoffelchips
	crocodile ˈkrɒkədaɪl	das	Krokodil
	cross krɒs	das	Kreuz
to	**cross** krɒs		überqueren
	crossing ˈkrɒsɪŋ	die	Kreuzung
	crowd kraʊd	die	Menschenmenge
	crown kraʊn	die	Krone
to	**cry** kraɪ		weinen
	cucumber ˈkjuːkʌmbə	die	Gurke
	cup kʌp	die	Tasse, der Pokal
	cupboard ˈkʌbəd	der	Schrank
	cursor ˈkɜːsə	der	Cursor
	curtain ˈkɜːtən	der	Vorhang
	curve kɜːv	die	Kurve
	cushion ˈkʊʃn	das	Kissen
to	**cut – cut – cut** kʌt – kʌt – kʌt		schneiden
to	**cycle** ˈsaɪkl		Fahrrad fahren

D

	dad, daddy dæd, ˈdædɪ	der	Papa, der Papi
	daily ˈdeɪlɪ		täglich
to	**dance** dɑːns		tanzen
	danger ˈdeɪndʒə	die	Gefahr
	dangerous ˈdeɪndʒərəs		gefährlich
	dark dɑːk		dunkel
	darling ˈdɑːlɪŋ	der	Liebling
	dart dɑːt	der	Pfeil

a b c **d** e f g h i j k l m n o p q r s t u v w x y z

date deɪt	das Datum, die Verabredung
daughter 'dɔːtə	die Tochter
day deɪ	der Tag
dead ded	tot
deaf def	gehörlos
dear dɪə	lieb (im Brief)
Dear David, ...	Lieber David, ...
death deθ	der Tod
December dɪ'sembə	der Dezember
to **decide** dɪ'saɪd	entscheiden
to **decorate** 'dekəreɪt	schmücken
deep diːp	tief
deer – deer dɪə – dɪə	der Hirsch – die Hirsche, das Reh – die Rehe
delicious dɪ'lɪʃəs	lecker
dentist 'dentɪst	der Zahnarzt, die Zahnärztin
department store dɪ'pɑːtmənt stɔː	das Kaufhaus
departure dɪ'pɑːtʃə	die Abfahrt, die Abreise
desert 'dezət	die Wüste
desk desk	der Schreibtisch, das Pult
dessert dɪ'zɜːt	der Nachtisch
destination destɪ'neɪʃn	das Ziel
detective dɪ'tektɪv	der Detektiv, die Detektivin
devil 'devl	der Teufel
diary 'daɪərɪ	das Tagebuch
dice – dice daɪs – daɪs	der Würfel – die Würfel
dictionary 'dɪkʃənərɪ	das Wörterbuch
did	→ to do
to **die** daɪ	sterben
difference 'dɪfərəns	der Unterschied
different 'dɪfərənt	verschieden
difficult 'dɪfɪkəlt	schwierig, schwer
dining room 'daɪnɪŋ ruːm	das Esszimmer
dinner 'dɪnə	das Mittagessen, das Abendessen
dinosaur 'daɪnəsɔː	der Dinosaurier

	direction	dɪ'rekʃn	die	Richtung
	dirty	'dɜːtɪ		schmutzig
	disco	'dɪskəʊ	die	Disco/Disko
to	**discover**	dɪ'skʌvə		entdecken
to	**discuss**	dɪ'skʌs		diskutieren, besprechen
	dish	dɪʃ	die	Schüssel
	dishes	'dɪʃɪz	das	Geschirr
	dishwasher	'dɪʃwɒʃə	die	Geschirrspülmaschine
	disk	dɪsk	die	Diskette
	distance	'dɪstəns	die	Entfernung
to	**divide**	dɪ'vaɪd		dividieren, teilen
	divorced	dɪ'vɔːst		geschieden
to	**do – did – done**	duː – dɪd – dʌn		tun
	doctor, doc	'dɒktə, dɒk	der	Arzt, die Ärztin
	dog	dɒg	der	Hund
	doll	dɒl	die	Puppe
	dollar	'dɒlə	der	Dollar
	dolphin	'dɒlfɪn	der	Delfin
	done			→ to do
	donkey	'dɒŋkɪ	der	Esel
	door	dɔː	die	Tür
	double	'dʌbl		doppelt
to	**double**	'dʌbl		verdoppeln
	dough	dəʊ	der	Teig

dinosaur

	doughnut 'dəʊnʌt	der	Donut
	down daʊn		nach unten, herunter, hinunter
to	**download** daʊn'ləʊd		herunterladen
	downstairs daʊn'steəz		unten, nach unten
	dragon 'drægn	der	Drache
	drank		→ to drink
to	**draw – drew – drawn** drɔː – druː – drɔːn		zeichnen
	drawer drɔː	die	Schublade
	drawing 'drɔːɪŋ	die	Zeichnung
	drawn		→ to draw
	dream driːm	der	Traum
to	**dream – dreamt – dreamt** driːm – dremt – dremt		träumen
	dress dres	das	Kleid
to	**dress up** dres 'ʌp	sich	stylen, sich verkleiden
	drew		→ to draw
	drink drɪŋk	das	Getränk
to	**drink – drank – drunk** drɪŋk – dræŋk – drʌŋk		trinken
	drinking chocolate 'drɪŋkɪŋ tʃɒklət	der	Kakao, die Trinkschokolade
to	**drive – drove – driven** draɪv – drəʊv – 'drɪvn		fahren
	driver 'draɪvə	der	Fahrer, die Fahrerin
	drop drɒp	der	Tropfen
	drove		→ to drive
	drum drʌm	die	Trommel
	drunk		→ to drink
	dry draɪ		trocken
	duck dʌk	die	Ente
	during 'djʊərɪŋ		während
	dustbin 'dʌstbɪn	die	Mülltonne
	DVD (digital videodisk) diːviː'diː	die	DVD
	dwarf dwɔːf	der	Zwerg

a b c d e f g h i j k l m n o p q r s t u v w x y z

	each iːtʃ		jeder/jede/jedes
	ear ɪə	das	Ohr
	early 'ɜːlɪ		früh
to	**earn** ɜːn		verdienen
	earth ɜːθ	die	Erde
	east iːst	der	Osten
	Easter 'iːstə	das	Ostern
	easy 'iːzɪ		leicht
to	**eat – ate – eaten** iːt – eɪt – 'iːtn		essen, fressen
	edge edʒ	die	Kante, der Rand
	education edjʊ'keɪʃn	die	Erziehung, die Ausbildung
	egg eg	das	Ei
	eight eɪt		acht
	eighteen eɪ'tiːn		achtzehn
	eighth eɪtθ		achte, der/die/das Achte
	eighty 'eɪtɪ		achtzig
	elbow 'elbəʊ	der	Ellenbogen, der Ellbogen
	elephant 'elɪfənt	der	Elefant
	elevator  'eləveɪtər	der	Aufzug
	eleven ɪ'levn		elf
	else els		sonst (noch)
	e-mail 'iːmeɪl	die	E-Mail, das E-Mail
	emergency ɪ'mɜːdʒənsɪ	der	Notfall
	empty 'emptɪ		leer
	end end	das	Ende
to	**end** end		enden
	enemy 'enəmɪ	der	Feind, die Feindin
	engine 'endʒɪn	der	Motor
	England 'ɪŋglənd		England

English

	English	'ɪŋglɪʃ		englisch
to	**enjoy**	ɪn'dʒɔɪ		genießen
	enough	ɪ'nʌf		genug
to	**enter**	'entə		hineingehen, hineinfahren
	entrance	'entrəns	der	Eingang
	envelope	'envələʊp	der	Briefumschlag
	equal	'iːkwl		gleich
	eraser (US)	ɪ'reɪsər	der	Radiergummi
	error	'erə	der	Fehler
	escalator	'eskəleɪtə	die	Rolltreppe
	especially	ɪ'speʃəlɪ		besonders
	euro	'jʊərəʊ	der	Euro
	Europe	'jʊərəp		Europa
	European	jʊərə'piːən		europäisch
	even	'iːvn		sogar
	evening	'iːvnɪŋ	der	Abend
	ever	'evə		jemals
	every	'evrɪ		jeder/jede/jedes
	everybody	'evrɪbədɪ		jeder, alle
	everyone	'evrɪwʌn		jeder, alle
	everything	'evrɪθɪŋ		alles
	everywhere	'evrɪweə		überall
	exact	ɪg'zækt		genau
	exam, examination	ɪg'zæm, ɪgzæmɪ'neɪʃn	die	Prüfung, die Untersuchung
to	**examine**	ɪg'zæmɪn		überprüfen, untersuchen
	example	ɪg'zaːmpl	das	Beispiel
	except	ɪk'sept		außer
to	**excuse**	ɪk'skjuːz		entschuldigen
	Excuse me.			Entschuldigung, Verzeihung.
	exercise	'eksəsaɪz	die	Übung, das Training
	exercise book	'eksəsaɪz bʊk	das	(Schul)heft
	exit	'eksɪt	der	Ausgang
to	**expect**	ɪk'spekt		erwarten
	expensive	ɪk'spensɪv		teuer
	experiment	ɪk'sperɪmənt	das	Experiment, der Versuch

	expert	'ekspɜːt	der	Fachmann, die Fachfrau
to	**explain**	ɪk'spleɪn		erklären
	extra	'ekstrə		extra, zusätzlich
	extreme	ɪk'striːm		extrem, äußerst
	eye	aɪ	das	Auge

	face	feɪs	das	Gesicht
	fact	fækt	die	Tatsache
	factory	'fæktərɪ	die	Fabrik
	factory worker	'fæktərɪ wɜːkə	der	Fabrikarbeiter, die Fabrikarbeiterin
	fair	feə		gerecht, fair
	fairy tale	'feərɪ teɪl	das	Märchen
	fall	fɔːl	der	Herbst
to	**fall – fell – fallen**	fɔːl – fel – 'fɔːln		fallen
	family	'fæməlɪ	die	Familie
	famous	'feɪməs		berühmt
	fan	fæn	der	Fan
	fantasy	'fæntəzɪ	die	Fantasie
	far – farther – farthest	fɑː – 'fɑːðə – 'fɑːðəst		weit – weiter – am weitesten
	farm	fɑːm	der	Bauernhof, die Farm
	farmer	'fɑːmə	der	Bauer, die Bäuerin, der Farmer, die Farmerin
	farther – farthest			→ far
	fashion	'fæʃn	die	Mode
	fast	fɑːst		schnell

to	**fasten one's seat belt** 'fɑːsn wʌnz 'siːt belt		anschnallen
	fast food fɑːst 'fuːd	das	Fast Food/Fastfood
	fat fæt		dick, fett, das Fett
	father 'fɑːðə	der	Vater
	Father Christmas fɑːðə 'krɪsməs	der	Weihnachtsmann
	favourite, **favorite** 'feɪvərɪt, 'feɪvərɪt		Lieblings-
	my favourite book		mein Lieblingsbuch
	fax fæks	das	Fax
	fear fɪər	die	Angst
	feather 'feðə	die	Feder
	February 'februərɪ	der	Februar
to	**feed – fed – fed** fiːd – fed – fed		füttern
to	**feel – felt – felt** fiːl – felt – felt		fühlen
	feeling 'fiːlɪŋ	das	Gefühl
	feet		→ foot
	fell		→ to fall
	felt		→ to feel
	felt-tipped pen 'feltɪpt pen	der	Filzstift
	fence fens	der	Zaun
to	**fetch** fetʃ		holen
	fever 'fiːvə	das	Fieber
	few fjuː		wenige
	a few		ein paar
	field fiːld	das	Feld
	fifteen fɪf'tiːn		fünfzehn
	fifth fɪfθ		fünfte, der/die/das Fünfte
	fifty 'fɪftɪ		fünfzig
to	**fight – fought – fought** faɪt – fɔːt – fɔːt		kämpfen, streiten
to	**fill** fɪl		füllen
	film fɪlm	der	Film

first aid

to	**find – found – found** faɪnd – faʊnd – faʊnd		finden
	fine faɪn		gut, fein
	finger 'fɪŋgə	der	Finger
to	**finish** 'fɪnɪʃ		beenden, aufhören
	fire 'faɪə	das	Feuer
	fire engine 'faɪər endʒɪn	das	Feuerwehrauto
	firefighter 'faɪəfaɪtə	der	Feuerwehrmann, die Feuerwehrfrau
	fireman – firemen 'faɪəmən – 'faɪəmən	der	Feuerwehrmann – die Feuerwehrmänner
	fireworks 'faɪəwɜːks	das	Feuerwerk
	first fɜːst		erste, der/die/das Erste
	first aid fɜːst 'eɪd	die	Erste Hilfe
	fish – fish fɪʃ – fɪʃ	der	Fisch – die Fische
to	**fish** fɪʃ		fischen, angeln
	fit fɪt		fit
to	**fit** fɪt		passen
	five faɪv		fünf
to	**fix** fɪks		befestigen
	flag flæg	die	Fahne, die Flagge
	flame fleɪm	die	Flamme
	flat 🇬🇧 flæt	die	Wohnung
	flew		→ to fly

A B C D E F G H I J K L M N O P Q R S T U V W X Y Z

	flight	flaɪt	der	Flug
	floor	flɔː	der	Fußboden, die Etage
	flower	flaʊə	die	Blume
	flown			→ to fly
	flute	fluːt	die	Flöte
	fly	flaɪ	die	Fliege
to	**fly – flew – flown**	flaɪ – fluː – fləʊn		fliegen
	fog	fɒg	der	Nebel
	foggy	'fɒgɪ		neblig
to	**fold**	fəʊld		falten
	folder	'fəʊldə	der	Ordner, die Mappe
to	**follow**	'fɒləʊ		folgen
	food	fuːd	das	Essen, das Lebensmittel, das Futter
	foot – feet	fʊt – fiːt	der	Fuß – die Füße
	football	'fʊtbɔːl	der	Fußball
	for	fə		für
	foreign	'fɒrɪn		fremd, ausländisch
	forest	'fɒrɪst	der	Wald
to	**forget – forgot – forgotten**	fə'get – fə'gɒt – fə'gɒtn		vergessen
	fork	fɔːk	die	Gabel
	fortnight	'fɔːtnaɪt	die	vierzehn Tage, die zwei Wochen
	forty	'fɔːtɪ		vierzig
	forward, forwards	'fɔːwəd, 'fɔːwədz		vorwärts
	fought			→ to fight
	foul	faʊl	das	Foul

a b c d e f g h i j k l m n o p q r s t u v w x y z

	found		→ to find
	four fɔː		vier
	fourteen fɔː'tiːn		vierzehn
	fourth fɔːθ		vierte, der/die/das Vierte
	fox fɒks	der	Fuchs
	free friː		frei
to	**freeze – froze – frozen** friːz – frəʊz – 'frəʊzn		frieren, gefrieren
	French fries 'frentʃ fraɪz	die	Pommes frites
	fresh freʃ		frisch
	Friday 'fraɪdeɪ	der	Freitag
	fridge frɪdʒ	der	Kühlschrank
	friend frend	der	Freund, die Freundin
	friendly 'frendlɪ		freundlich
to	**frighten** 'fraɪtn		erschrecken, Angst machen
	frog frɒg	der	Frosch
	from frɒm		von, aus
	front frʌnt	die	Vorderseite
	in front of		vor
	froze – frozen		→ to freeze
	fruit fruːt	die	Frucht, die Früchte, das Obst
to	**fry** fraɪ		braten
	full fʊl		voll
	fun fʌn	der	Spaß
	funny 'fʌnɪ		lustig, komisch
	fur fɜː	das	Fell
	furniture 'fɜːnɪtʃə	die	Möbel

furniture

A B C D E F G H I J K L M N O P Q R S T U V W X Y Z

G

	game geɪm	das	Spiel
	garage ˈgærɑːʒ	die	Garage, die Autowerkstatt
	garbage ˈgɑːrbɪdʒ	der	Müll
	garbage can ˈgɑːrbɪdʒ kæn	die	Mülltonne
	garden gɑːdn	der	Garten
	gardener ˈgɑːdnə	der	Gärtner, die Gärtnerin
	gas gæs	das	Gas
	gas gæs	das	Benzin
	gas station ˈgæs steɪʃn	die	Tankstelle
	gate geɪt	die	Pforte, das Tor
	gave		→ to give
	geese		→ goose
	German ˈdʒɜːmən		deutsch
	Germany ˈdʒɜːmənɪ		Deutschland
to	**get – got – got** get – gɒt – gɒt		bekommen
to	**get dressed** get drest	sich	anziehen
to	**get undressed** get ʌnˈdrest	sich	ausziehen
to	**get up** get ˈʌp		aufstehen
	ghost gəʊst	das	Gespenst
	giant ˈdʒaɪənt	der	Riese
	giraffe dʒɪˈrɑːf	die	Giraffe
	girl gɜːl	das	Mädchen
	girlfriend ˈgɜːlfrend	die	Freundin
to	**give – gave – given** gɪv – geɪv – ˈgɪvn		geben
	glass glɑːs	das	Glas
	glasses ˈglɑːsɪz	die	Gläser, die Brille

	glove glʌv	der	Handschuh
	glue gluː	der	Klebstoff
to	**go – went – gone** gəʊ – went – gɔːn		gehen
to	**go for a walk** gəʊ fər ə wɔːk		spazieren gehen
to	**go hiking** gəʊ 'haɪkɪŋ		wandern gehen
to	**go to bed** gəʊ tə bed		schlafen gehen
to	**go shopping** gəʊ 'ʃɒpɪŋ		einkaufen gehen
	goal gəʊl	das	Ziel, das Tor (Fußball)
	goat gəʊt	die	Ziege
	gold gəʊld	das	Gold
	golden 'gəʊldn		golden
	goldfish 'gəʊldfɪʃ	der	Goldfisch
	gone		→ to go
	good – better – best gʊd – 'betə – best		gut – besser – am besten
	goodbye , **goodby**  gʊd'baɪ, gʊd'baɪ		auf Wiedersehen
	goose – geese guːs – giːs	die	Gans – die Gänse
	gorilla gə'rɪlə	der	Gorilla
	got		→ to get
	gram græm	das	Gramm
	grandchild – grandchildren 'græntʃaɪld – 'græntʃɪldrən	das	Enkelkind – die Enkelkinder
	granddaughter 'grændɔːtə	die	Enkelin
	grandfather, grandpa 'grænfaːðə, 'grænpaː	der	Großvater, der Opa
	grandmother, grandma 'grænmʌðə, 'grænmaː	die	Großmutter, die Oma
	grandparents 'grænpeərənts	die	Großeltern
	grandson 'grænsʌn	der	Enkel
	grape greɪp	die	Weintraube
	grapefruit 'greɪpfruːt	die	Grapefruit

	grass	grɑːs	das	Gras
	grasshopper	'grɑːshɒpə	der	Grashüpfer, die Heuschrecke
	gray	greɪ		grau
	great	greɪt		groß, großartig
	Great Britain	greɪt 'brɪtn		Großbritannien
	green	griːn		grün
	grew			→ to grow
	grey	greɪ		grau
	ground	graʊnd	der	(Erd)boden
	ground floor	graʊnd 'flɔː	das	Erdgeschoss
	group	gruːp	die	Gruppe
to	**grow – grew – grown**	grəʊ – gruː – grəʊn		wachsen
	grown-up	'grəʊnʌp	der	Erwachsene, die Erwachsene
to	**guess**	ges		raten, schätzen, vermuten
	guest	gest	der	Gast
	guest room	'gest ruːm	das	Gästezimmer
to	**guide**	gaɪd		führen
	guinea pig	'gɪnɪ pɪg	das	Meerschweinchen
	guitar	gɪ'tɑː	die	Gitarre
	gym	dʒɪm	das	Turnen, die Turnhalle
	gymnasium	dʒɪm'neɪzɪəm	die	Turnhalle
	gymnastics	dʒɪm'næstɪks	die	Gymnastik, das Turnen

had			→ to have
had to			→ must
hair	heə	das	Haar, die Haare

	hairdresser	'heədresə	der	Friseur/Frisör, die Friseurin/Frisörin
	half	hɑːf		halb
	half past two			halb drei
	half – halves	hɑːf – hɑːvz	die	Hälfte – die Hälften
	hallo	hə'ləʊ		hallo
	Halloween	hæləʊ'iːn	das	Halloween
	halves			→ half
	ham	hæm	der	Schinken
	hammer	'hæmə	der	Hammer
	hamster	'hæmstə	der	Hamster
	hand	hænd	die	Hand
	handkerchief	'hæŋkətʃɪf	das	Taschentuch
	handy	'hændɪ		praktisch, nützlich
to	**hang – hung – hung**	hæŋ – hʌŋ – hʌŋ		hängen
to	**hang up**	hæŋ 'ʌp		aufhängen
to	**happen**	'hæpn		geschehen, passieren
	happy	'hæpɪ		glücklich
	harbour , **harbor** 	'hɑːbə, 'hɑːrbər	der	Hafen
	hard	hɑːd		hart, fest, schwierig
	hard disk	hɑːd 'dɪsk	die	Festplatte
	hard-working	'hɑːd wɜːkɪŋ		fleißig
	harmless	'hɑːmlɪs		harmlos
	has	hæz		→ to have
	he/she/it has			er/sie/es hat
	hat	hæt	der	Hut
to	**hate**	heɪt		hassen
to	**have – had – had**	hæv – hæd – hæd		haben
to	**have breakfast**	hæv 'brekfəst		frühstücken
to	**have dinner**	hæv 'dɪnə		zu Abend essen
	he	hiː		er
	head	hed	der	Kopf
	headache	'hedeɪk	die	Kopfschmerzen

	healthy	'helθɪ		gesund
to	**hear – heard – heard**	hɪə – hɜːd – hɜːd		hören
	heart	hɑːt	das	Herz
	heat	hiːt	die	Hitze
	heaven	'hevn	der	Himmel
	heavy	'hevɪ		schwer
	hedgehog	'hedʒhɒg	der	Igel
	heel	hiːl	die	Ferse
	held			→ to hold
	helicopter	'helɪkɒptə	der	Hubschrauber
	hello	hə'ləʊ		hallo
to	**help**	help		helfen
	hen	hen	das	Huhn, die Henne
	her	hɜː		ihr/ihre, ihr, sie
	herbs	hɜːbz	die	Kräuter
	here	hɪə		hier
	hers	hɜːz		ihrer/ihre/ihres
to	**hide – hid – hidden**	haɪd – hɪd – 'hɪdn		verstecken
	high	haɪ		hoch
	highway	'haɪweɪ	die	Autobahn
	hill	hɪl	der	Hügel
	him	hɪm		ihn, ihm
	hippopotamus, hippo	hɪpə'pɒtəməs, 'hɪpəʊ	das	Nilpferd
	his	hɪz		sein/seine
to	**hit – hit – hit**	hɪt – hɪt – hɪt		schlagen
	hobby	'hɒbɪ	das	Hobby
	hockey	'hɒkɪ	das	Hockey
to	**hold – held – held**	həʊld – held – held		halten
	hole	həʊl	das	Loch
	holiday	'hɒlɪdeɪ	der	Feiertag
	holidays	'hɒlɪdeɪz	die	Ferien, der Urlaub
	home	həʊm	das	Zuhause
	at home			zu Hause

	homepage	'həʊmpeɪdʒ	die	Homepage
	homework	'həʊmwɜːk	die	Hausaufgaben
	honey	'hʌnɪ	der	Honig
to	**hop**	hɒp		hüpfen
to	**hope**	həʊp		hoffen
	horror	'hɒrə	das	Entsetzen, der Horror
	horse	hɔːs	das	Pferd
	hospital	'hɒspɪtl	das	Krankenhaus
	hot	hɒt		heiß, scharf (Gewürze)
	hot dog	'hɒt dɒg	das	Hotdog, der Hotdog
	hotel	həʊ'tel	das	Hotel
	hour	'aʊə	die	Stunde
	house	haʊs	das	Haus
	how	haʊ		wie
	How are you?			Wie geht es dir/Ihnen?
	How many …?			Wie viele …?
	How much …?			Wie viel …?
	hundred	'hʌndrəd		hundert
	hung			→ to hang
	hungry	'hʌŋgrɪ		hungrig
to	**hurry**	'hʌrɪ	sich	beeilen
to	**hurt – hurt – hurt**	hɜːt – hɜːt – hɜːt		wehtun, verletzen
	husband	'hʌzbənd	der	Ehemann

	I	aɪ		ich
	I am, I'm			ich bin
	ice	aɪs	das	Eis
	ice cream	aɪs 'kriːm	das	Eis, die Eiscreme
	ice hockey	'aɪs hɒkɪ	das	Eishockey
	ice skate	'aɪs skeɪt	der	Schlittschuh
	icy	'aɪsɪ		eisig, vereist
	idea	aɪ'dɪə	die	Idee
	if	ɪf		wenn
	ill	ɪl		krank
to	**imagine**	ɪ'mædʒɪn	sich	vorstellen (in Gedanken)
	important	ɪm'pɔːtənt		wichtig
	impossible	ɪm'pɒsɪbl		unmöglich
	in	ɪn		in, hinein, an
	Indian	'ɪndɪən	der	Indianer, die Indianerin
	information	ɪnfə'meɪʃn	die	Information
	in front of	ɪn frʌnt əv		vor
	ink	ɪŋk	die	Tinte
	in-line skates, in-liners	'ɪnlaɪn skeɪts, ɪn'laɪnəz	die	Inlineskates, die Inliner
	input	'ɪnpʊt	der	Input, der Eingang (Computer)
	insect	'ɪnsekt	das	Insekt
	inside	ɪn'saɪd		drinnen, innen
	instrument	'ɪnstrʊmənt	das	Instrument
	interest	'ɪntrəst	das	Interesse
	interested	'ɪntrəstɪd		interessiert
	interesting	'ɪntrəstɪŋ		interessant
	international	ɪntə'næʃənl		international
	Internet	'ɪntənet	das	Internet
	interview	'ɪntəvjuː	das	Interview

	into ˈɪntə		in
	invitation ɪnvɪˈteɪʃn	die	Einladung
to	**invite** ɪnˈvaɪt		einladen
	Ireland ˈaɪələnd		Irland
	Irish ˈaɪərɪʃ		irisch
	is ɪz		→ to be
	he/she/it is (he's/she's/it's)		er/sie/es ist
	island ˈaɪlənd	die	Insel
	it ɪt		er/sie/es
	itchy ˈɪtʃɪ		kratzig
	its ɪts		sein/seine, ihr/ihre

	jacket ˈdʒækɪt	die	Jacke
	jam dʒæm	die	Marmelade
	January ˈdʒænjʊərɪ	der	Januar
	jeans dʒiːnz	die	Jeans
	jelly ˈdʒelɪ	das	Gelee, der Gelee
	jewellery , **jewelry**  ˈdʒuːəlrɪ, ˈdʒuːəlrɪ	der	Schmuck
	jigsaw puzzle ˈdʒɪgsɔː pʌzl	das	Puzzle
	job dʒɒb	die	Arbeit, der Job
	joke dʒəʊk	der	Witz, der Scherz
	journey ˈdʒɜːnɪ	die	Reise
	joystick ˈdʒɔɪstɪk	der	Joystick
	judo ˈdʒuːdəʊ	das	Judo
	juice dʒuːs	der	Saft
	July dʒʊˈlaɪ	der	Juli
to	**jump** dʒʌmp		springen
	jumper  ˈdʒʌmpə	der	Pullover
	June dʒuːn	der	Juni
	jungle ˈdʒʌŋgl	der	Dschungel, der Urwald
	just dʒʌst		gerade (in diesem Moment)

A B C D E F G H I J K L M N O P Q R S T U V W X Y Z

a b c d e f g h i j k l m n o p q r s t u v w x y z

	kangaroo	kæŋgə'ruː	das	Känguru
	karate	kə'rɑːtɪ	das	Karate
to	**keep – kept – kept**	kiːp – kept – kept		behalten, aufbewahren
	ketchup	'ketʃʌp	der das	Ketchup/Ketschup, Ketchup/Ketschup
	key	kiː	der	Schlüssel
	keyboard	'kiːbɔːd	das	Keyboard, die Tastatur
to	**kick**	kɪk		treten, kicken
	kid	kɪd	das	Kind
to	**kill**	kɪl		töten
	kilogram, kilo	'kɪləgræm, 'kiːləʊ	das	Kilogramm, das Kilo
	kilometre , **kilometer** 	kɪ'lɒmɪtə, kɪ'lɑːmɪtər	der	Kilometer
	kind	kaɪnd		freundlich
	kindergarten	'kɪndəgɑːtn	der	Kindergarten
	king	kɪŋ	der	König
	kiss	kɪs	der	Kuss
to	**kiss**	kɪs		küssen
	kitchen	'kɪtʃɪn	die	Küche
	kite	kaɪt	der	Drachen
	knee	niː	das	Knie
	knew			→ to know
	knife – knives	naɪf – naɪvz	das	Messer – die Messer
	knight	naɪt	der	Ritter
to	**knock**	nɒk		klopfen
to	**know – knew – known**	nəʊ – njuː – nəʊn		wissen, kennen

	ladder	ˈlædə	die	Leiter
	lady	ˈleɪdɪ	die	Dame
	ladybird, **ladybug**	ˈleɪdɪbɜːd, ˈleɪdɪbʌg	der	Marienkäfer
	lain			→ to lie
	lake	leɪk	der	See
	lamp	læmp	die	Lampe
to	**land**	lænd		landen
	language	ˈlæŋgwɪdʒ	die	Sprache
	laptop	ˈlæptɒp	der	Laptop
	large	lɑːdʒ		groß
	last	lɑːst		letzter/letzte/letztes
	late	leɪt		spät
to	**laugh**	lɑːf		lachen
	lay			→ to lie
	lazy	ˈleɪzɪ		faul (nicht fleißig)
	leaf – leaves	liːf – liːvz	das	Blatt – die Blätter
to	**learn**	lɜːn		lernen
	least			→ little
to	**leave – left – left**	liːv – left – left		(zurück)lassen, verlassen
	leaves			→ leaf
	left	left		links, → to leave
	leg	leg	das	Bein
	leisure time	ˈleʒə taɪm	die	Freizeit
	lemon	ˈlemən	die	Zitrone
	lemonade	leməˈneɪd	die	Limonade
	less			→ little
	lesson	ˈlesn	die	(Unterrichts)stunde
to	**let – let – let**	let – let – let		lassen (erlauben)

	letter	letə	der	Brief, der Buchstabe
	lettuce	'letɪs	der	Salat (Kopfsalat)
	level	'levl	die	Etage, die Höhe
	library	'laɪbrərɪ	die	Bücherei
to	**lie**	laɪ		lügen
to	**lie – lay – lain**	laɪ – leɪ – leɪn		liegen
	Liechtenstein	lɪktənʃtaɪn		Liechtenstein
	life – lives	laɪf – laɪvz	das	Leben – die Leben
	lift 	lɪft	der	Aufzug, der Fahrstuhl
to	**lift**	lɪft		heben
	light	laɪt	das	Licht, hell, leicht (Gewicht)
to	**light – lit – lit**	laɪt – lɪt – lɪt		anzünden
	lightning	'laɪtnɪŋ	der	Blitz
	like	laɪk		wie
	to look like			aussehen wie
to	**like**	laɪk		mögen
	line	laɪn	die	Linie
	line 	laɪn	die	Schlange (Reihe)
	link	lɪŋk	die	Verbindung
	lion	'laɪən	der	Löwe
	lip	lɪp	die	Lippe
	lipstick	'lɪpstɪk	der	Lippenstift
to	**listen**	'lɪsn		zuhören
	lit			→ to light
	litre , **liter** 	'li:tə, 'li:tər	der	Liter
	little – less – least	'lɪtl – les – li:st		wenig – weniger – am wenigsten
	little – smaller – smallest	'lɪtl – 'smɔ:lə – 'smɔ:lɪst		klein – kleiner – am kleinsten
to	**live**	lɪv		leben, wohnen
	lives			→ life
	living room	'lɪvɪŋ ru:m	das	Wohnzimmer
to	**load**	ləʊd		laden
to	**lock**	lɒk		abschließen

	lollipop	ˈlɒlɪpɒp	der	Lutscher
	lonely	ˈləʊnlɪ		einsam
	long	lɒŋ		lang
to	**look**	lʊk		sehen, schauen
to	**look at**	lʊk ət		ansehen
to	**look for**	lʊk fə		suchen
to	**look up**	lʊk ˈʌp		nachschauen, nachschlagen
	lorry	ˈlɒrɪ	der	Lastwagen
to	**lose – lost – lost**	luːz – lɒst – lɒst		verlieren
a	**lot of**	lɒt əv		viel/viele
	loud	laʊd		laut
	love	lʌv	die	Liebe
to	**love**	lʌv		lieben
	lovely	ˈlʌvlɪ		schön
	low	ləʊ		niedrig
to be	**lucky**	ˈlʌkɪ		Glück haben
	luggage	ˈlʌgɪdʒ	das	Gepäck
	lunch	lʌnʃ	das	Mittagessen
	Luxembourg	ˈlʌksəmbɜːg		Luxemburg

lorry

machine məˈʃiːn	die	Maschine
mad mæd		verrückt
made		→ to make
magazine mægəˈziːn	das	Magazin, die Zeitschrift
magic ˈmædʒɪk	die	Zauberei
mail  meɪl	die	Post
mailbox  ˈmeɪlbaːks	der	Briefkasten
mailman – mailmen  ˈmeɪlmæn – ˈmeɪlmen	der	Briefträger – die Briefträger
mailwoman – mailwomen  meɪlˈwʊmən – meɪlˈwɪmɪn	die	Briefträgerin – die Briefträgerinnen
to **make – made – made** meɪk – meɪd – meɪd		machen
man – men mæn – men	der	Mann – die Männer
many – more – most ˈmenɪ – mɔː – məʊst		viele – mehr – am meisten
map mæp	die	Karte (Landkarte)
March maːtʃ	der	März
market ˈmaːkɪt	der	Markt
marmalade ˈmaːməleɪd	die	Orangenmarmelade
married ˈmærɪd		verheiratet
match mætʃ	das	Spiel, das Match, das Streichholz
mathematics, maths mæθɪˈmætɪks, mæθs	die	Mathematik, die Mathe
matter ˈmætə	die	Angelegenheit
It doesn't matter.		Das macht nichts.
May meɪ	der	Mai
may – might meɪ – maɪt		dürfen
maybe ˈmeɪbiː		vielleicht

	me miː		mich, mir
	meadow ˈmedəʊ	die	Wiese
	meal miːl	die	Mahlzeit
to	**mean – meant – meant** miːn – ment – ment		bedeuten, meinen
	meat miːt	das	Fleisch
	medicine ˈmedsən	die	Medizin
to	**meet – met – met** miːt – met – met		treffen
	meeting ˈmiːtɪŋ	das	Treffen, die Begegnung
	melon ˈmelən	die	Melone
	memory ˈmemərɪ	das	Gedächtnis, die Erinnerung
	men		→ man
	menu ˈmenjuː	die	Speisekarte
	merry-go-round ˈmerɪ gəʊ raʊnd	das	Karussell
	mess mes	die	Unordnung
	message ˈmesɪdʒ	die	Nachricht
	messy ˈmesɪ		unordentlich
	met		→ to meet
	metre (UK), **meter** (US) ˈmiːtə, ˈmiːtər	der	Meter
to	**mew** mjuː		miauen
	mice		→ mouse
	microphone ˈmaɪkrəfəʊn	das	Mikrofon
	middle ˈmɪdl	die	Mitte
	midnight ˈmɪdnaɪt	die	Mitternacht
	might		→ may
	mile maɪl	die	Meile
	milk mɪlk	die	Milch
	millimetre (UK), **millimeter** (US) ˈmɪlɪmiːtə, ˈmɪlɪmiːtər	der	Millimeter
	million ˈmɪljən	die	Million
	mine maɪn		meiner/meine/meins

mineral water 'mɪnərəl wɔːtə	das Mineralwasser
minute 'mɪnɪt	die Minute
miracle 'mɪrəkl	das Wunder
mirror 'mɪrə	der Spiegel
to **miss** mɪs	vermissen, verfehlen
mistake mɪ'steɪk	der Fehler
to **mix** mɪks	mischen
mobile phone məʊbaɪl 'fəʊn	das Handy
modern 'mɒdn	modern
mole məʊl	der Maulwurf
mom , **mommy**  mɑːm, 'mɑːmɪ	die Mama, die Mami
moment 'məʊmənt	der Moment, der Augenblick
Monday 'mʌndeɪ	der Montag
money 'mʌnɪ	das Geld
monitor 'mɒnɪtə	der Monitor
monkey 'mʌŋkɪ	der Affe
monster 'mɒnstə	das Monster, das Ungeheuer
month mʌnθ	der Monat

moon

a b c d e f g h i j k l m n o p q r s t u v w x y z

	moon muːn	der	Mond
	more		→ much, many
	morning 'mɔːnɪŋ	der	Morgen, der Vormittag
	most		→ much, many
	mother 'mʌðə	die	Mutter
	motor 'məʊtə	der	Motor
	motorbike 'məʊtəbaɪk	das	Motorrad
	motorcycle 'məʊtəsaɪkl	das	Motorrad
	motorway 'məʊtəweɪ	die	Autobahn
	mountain 'maʊntɪn	der	Berg
	mountain bike 'maʊntɪn baɪk	das	Mountainbike
	mouse – mice maʊs – maɪs	die	Maus – die Mäuse
	mouth maʊθ	der	Mund
to	**move** muːv		bewegen, umziehen (Wohnungswechsel)
	movie 'muːvɪ	der	Film
	Mr 'mɪstə		Herr (Anrede)
	Mr Beckham		Herr Beckham
	Mrs 'mɪsɪz		Frau (Anrede)
	Mrs Wilson		Frau Wilson
	Ms, Miss mɪz		Frau (Anrede für unverheiratete Frau)
	Miss Marple		Frau Marple
	much – more – most mʌtʃ – mɔː – məʊst		viel – mehr – am meisten
	muffin 'mʌfɪn	der	Muffin
	mug mʌg	der	Becher
to	**multiply** 'mʌltɪplaɪ		multiplizieren
	mum, **mummy** mʌm, 'mʌmɪ	die	Mama, die Mami
	museum mjuː'ziːəm	das	Museum
	mushroom 'mʌʃrʊm	der	Pilz
	music 'mjuːzɪk	die	Musik
	must – had to mʌst – hæd tə		müssen
	my maɪ		mein/meine

	nail neɪl	der	Nagel
	naked 'neɪkɪd		nackt
	name neɪm	der	Name
	napkin  'næpkɪn	die	Windel
	napkin  'næpkɪn	die	Serviette
	narrow 'nærəʊ		eng
	nature 'neɪtʃə	die	Natur
	near nɪə		nahe, in der Nähe
	nearly 'nɪəlɪ		beinahe, fast
	neck nek	der	Hals
to	**need** ni:d		brauchen
	needle 'ni:dl	die	Nadel
	neighbour , **neighbor**  'neɪbə, 'neɪbər	der	Nachbar, die Nachbarin
	nervous 'nɜ:vəs		nervös
	nest nest	das	Nest
	never 'nevə		nie, niemals
	new nju:		neu
	New Year nju: 'jɪə	das	Neujahr
	New Year's Eve nju: jɪəz 'i:v	das	Silvester
	New Zealand nju: 'zi:lənd		Neuseeland
	news nju:z	die	Nachrichten
	newspaper 'nju:zpeɪpə	die	Zeitung
	next nekst		nächster/nächste/nächstes
	next to nekst tə		neben
	nice naɪs		nett, schön
	night naɪt	die	Nacht
	nine naɪn		neun

nineteen naɪn'tiːn		neunzehn
ninety 'naɪntɪ		neunzig
ninth naɪnθ		neunte, der/die/das Neunte
no nəʊ		nein, kein/keine
nobody 'nəʊbədɪ		niemand
noisy 'nɔɪzɪ		laut
none nʌn		keiner/keine/keins
noodles 'nuːdlz	die	Nudeln
noon nuːn	der	Mittag
north nɔːθ	der	Norden
nose nəʊz	die	Nase
not nɒt		nicht
nothing 'nʌθɪŋ		nichts
November nə'vembə	der	November
now naʊ		jetzt
nowhere 'nəʊweə		nirgends
number 'nʌmbə	die	Zahl, die Nummer
nurse nɜːs	die	Krankenschwester, der Krankenpfleger
nut nʌt	die	Nuss

ocean 'əʊʃn	der	Ozean, das Meer
o'clock ə'klɒk		Uhr
3 o'clock		drei Uhr
October ɒk'təʊbə	der	Oktober
of əv		von
of course əv 'kɔːs		natürlich, selbstverständlich

A B C D E F G H I J K L M N O P Q R S T U V W X Y Z

	off ɒf		von, weg
	office 'ɒfɪs	das	Büro
	often 'ɒfn		oft
	oil ɔɪl	das	Öl
	OK, okay əʊ'keɪ		in Ordnung, okay
	old əʊld		alt
	on ɒn		auf, an
	once wʌns		einmal
	one wʌn		eins
	onion 'ʌnjən	die	Zwiebel
	only 'əʊnlɪ		nur
	open 'əʊpn		offen, geöffnet (Geschäft)
to	**open** 'əʊpn		öffnen, aufmachen
	opinion ə'pɪnjən	die	Meinung
	opposite 'ɒpəzɪt	das	Gegenteil, gegenüber
	or ɔː		oder
	orange 'ɒrɪndʒ	die	Orange, die Apfelsine, orange
	orchestra 'ɔːkɪstrə	das	Orchester
to	**order** 'ɔːdə		bestellen, befehlen
	other 'ʌðə		anderer/andere/anderes
	our 'aʊə		unser/unsere
	out, out of aʊt, aʊt əv		aus, hinaus
	outfit 'aʊtfɪt	das	Outfit
	output 'aʊtpʊt	der	Output, die Ausgabe (Computer)
	outside aʊt'saɪd		draußen, außen
	oven 'ʌvn	der	Backofen
	over 'əʊvə		über, vorbei
	owl aʊl	die	Eule
	own əʊn		eigener/eigene/eigenes
to	**own** əʊn		besitzen

to	**pack**	pæk		packen
	page	peɪdʒ	die	Seite (Buch)
	paid			→ to pay
	paint	peɪnt	die	Farbe
to	**paint**	peɪnt		malen, anstreichen
	pair	peə	das	Paar
	pajamas	pə'dʒɑːməz	der	Schlafanzug
	pan	pæn	die	Pfanne
	pancake	'pænkeɪk	der	Pfannkuchen
	pants	pænts	die	Unterhose
	pants	pænts	die	Hose
	paper	'peɪpə	das	Papier
	parcel	'pɑːsl	das	Paket
	parents	'peərənts	die	Eltern
	park	pɑːk	der	Park
to	**park**	pɑːk		parken
	parrot	'pærət	der	Papagei
	part	pɑːt	der	Teil, das Teil
	partner	'pɑːtnə	der	Partner, die Partnerin
	party	'pɑːtɪ	die	Party
to	**pass**	pɑːs		vorbeigehen, geben
	passenger	'pæsɪndʒə	der	Fahrgast, der Passagier
	passport	'pɑːspɔːt	der	Reisepass, der Pass
	password	'pɑːswɜːd	das	Passwort
	past	pɑːst		nach
	a quarter past two			Viertel nach zwei
	pasta	'pæstə	die	Nudeln
	pastry	'peɪstrɪ	der	Teig, das Gebäck
	path	pɑːθ	der	Weg, der Pfad
	pavement	'peɪvmənt	der	Bürgersteig

to	**pay – paid – paid** peɪ – peɪd – peɪd		bezahlen
	PC (personal computer) piː'siː	der	PC
	pea piː	die	Erbse
	peace piːs	der	Frieden
	peach piːtʃ	der	Pfirsich
	peanut 'piːnʌt	die	Erdnuss
	pear peə	die	Birne
	pedestrian pɪ'destrɪən	der	Fußgänger, die Fußgängerin
	pedestrian crossing pɪdestrɪən 'krɒsɪŋ	der	Zebrastreifen
to	**peel** piːl		schälen
	pen pen	der	Füller, der Stift
	pence pens	der	Pence
	pencil 'pensɪl	der	Bleistift
	pencil case 'pensɪl keɪs	das	Mäppchen
	pencil sharpener 'pensɪl ʃɑːpnə	der	Spitzer
	penfriend 'penfrend	der	Brieffreund, die Brieffreundin
	penguin 'peŋgwɪn	der	Pinguin
	people 'piːpl	die	Leute, die Menschen
	pepper 'pepə	der	Pfeffer, die Paprikaschote
	perhaps pə'hæps		vielleicht
	person 'pɜːsn	die	Person
	pet pet	das	Haustier
	petrol 'petrl	das	Benzin
	petrol station 'petrl steɪʃn	die	Tankstelle
	phone fəʊn	das	Telefon
to	**phone** fəʊn		anrufen
	photo 'fəʊtəʊ	das	Foto
	piano pɪ'ænəʊ	das	Klavier
to	**pick** pɪk		pflücken
	picnic 'pɪknɪk	das	Picknick

planet

	picture ˈpɪktʃə	das	Bild
	piece piːs	das	Stück
to	**pierce** pɪəs		durchstechen, durchbohren
	piercing ˈpɪəsɪŋ	das	Piercing
	pig pɪɡ	das	Schwein
	pillow ˈpɪləʊ	das	Kopfkissen
	pilot ˈpaɪlət	der	Pilot
	pin pɪn	die	Stecknadel
	pineapple ˈpaɪnæpl	die	Ananas
	pink pɪŋk		pink, rosa
	pirate ˈpaɪrət	der	Pirat
	pizza ˈpiːtsə	die	Pizza
	place pleɪs	der	Ort
	plan plæn	der	Plan
to	**plan** plæn		planen
	plane pleɪn	das	Flugzeug
	planet ˈplænɪt	der	Planet
	plant plɑːnt	die	Pflanze
to	**plant** plɑːnt		pflanzen
	plaster ˈplɑːstə	das	Pflaster
	plastic ˈplæstɪk	das	Plastik
	plate pleɪt	der	Teller
	platform ˈplætfɔːm	der	Bahnsteig
	play pleɪ	das	Spiel, das Theaterstück

to **play** pleɪ		spielen
player 'pleɪə	der	Spieler, die Spielerin
playground 'pleɪgraʊnd	der	Schulhof, der Spielplatz
please pliːz		bitte
to **please** pliːz		gefallen
plum plʌm	die	Pflaume
p.m. piː'em		nachmittags, abends (Uhrzeit)
2 p.m.		14 Uhr
pocket 'pɒkɪt	die	Tasche
pocket money 'pɒkɪt mʌnɪ	das	Taschengeld
poem 'pəʊɪm	das	Gedicht
point pɔɪnt	der	Punkt
to **point** pɔɪnt		zeigen
poisonous 'pɔɪzənəs		giftig
polar bear pəʊlə 'beə	der	Eisbär
police pə'liːs	die	Polizei
policeman – policemen pə'liːsmən – pə'liːsmən	der	Polizist – die Polizisten
policewoman – policewomen pə'liːswʊmən – pə'liːswɪmɪn	die	Polizistin – die Polizistinnen
pond pɒnd	der	Teich
pony 'pəʊnɪ	das	Pony
poor pʊə		arm
pop pɒp	die	Popmusik, der Pop
popcorn 'pɒpkɔːn	das	Popcorn
pork pɔːk	das	Schweinefleisch
porridge 'pɒrɪdʒ	der	Porridge, der Haferbrei
port pɔːt	der	Hafen
possible 'pɒsɪbl		möglich
post pəʊst	die	Post
postbox 'pəʊstbɒks	der	Briefkasten
postcard 'pəʊstkaːd	die	Postkarte
poster 'pəʊstə	das	Plakat, das Poster
postman – postmen 'pəʊstmən – 'pəʊstmən	der	Briefträger – die Briefträger

	post office	'pəʊst ɒfɪs	das	Postamt
	postwoman – postwomen 🇬🇧	'pəʊstwʊmən – 'pəʊstwɪmɪn	die	Briefträgerin – die Briefträgerinnen
	pot	pɒt	der	Topf
	potato	pə'teɪtəʊ	die	Kartoffel
	pound	paʊnd	das	Pfund
to	**pour**	pɔː		gießen, schütten
	power	paʊə	die	Kraft, die Macht, die Power
	powerful	'paʊəfl		stark, kräftig
to	**practise**	'præktɪs		üben, trainieren
to	**prefer**	prɪ'fɜː		vorziehen, lieber tun
to	**prepare**	prɪ'peə		vorbereiten
	present	'prezənt	das	Geschenk
to	**press**	pres		drücken
	pretty	'prɪtɪ		hübsch
	price	praɪs	der	Preis
	primary school	'praɪmərɪ skuːl	die	Grundschule
	prince	prɪns	der	Prinz
	princess	'prɪnses	die	Prinzessin
to	**print**	prɪnt		drucken
	printer	'prɪntə	der	Drucker

powerful

A B C D E F G H I J K L M N O P Q R S T U V W X Y Z

	prison	'prɪzn	das	Gefängnis
	prize	praɪz	der	Gewinn, der Preis
	problem	'prɒbləm	das	Problem
	profession	prə'feʃn	der	Beruf
	program	'prəʊgræm	das	(Computer)programm
	programme, **program**	'prəʊgræm, 'prəʊgræm	das	Fernsehprogramm
	pub	pʌb	die	Kneipe
	pudding	'pʊdɪŋ	der	Pudding, die süße Nachspeise
to	**pull**	pʊl		ziehen
	pullover	'pʊləʊvə	der	Pullover
	pumpkin	'pʌmpkɪn	der	Kürbis
	pupil	'pju:pɪl	der	Schüler, die Schülerin
	puppet	'pʌpɪt	die	Fingerpuppe, die Handpuppe
	puppy	'pʌpɪ	der	Welpe
	purple	'pɜ:pl		lila
	purse	pɜ:s	die	Geldbörse, das Portemonnaie/Portmonee
to	**push**	pʊʃ		stoßen, schubsen, schieben
to	**put – put – put**	pʊt – pʊt – pʊt		legen, stellen
to	**put on**	pʊt 'ɒn		anziehen
	puzzle	'pʌzl	das	Rätsel
	pyjamas	pɪ'dʒɑ:məz	der	Schlafanzug

quarter 'kwɔːtə	das	Viertel
a quarter past two		Viertel nach zwei
a quarter to three		Viertel vor drei
queen kwiːn	die	Königin
question 'kwestʃn	die	Frage
queue kjuː	die	Schlange (Reihe)
quick kwɪk		schnell
quiet 'kwaɪət		leise, ruhig
quite kwaɪt		ganz, ziemlich
quiz kwɪz	das	Quiz, das Ratespiel

rabbit 'ræbɪt	das	Kaninchen
race reɪs	das	Rennen
racket 'rækɪt	der	Schläger (Tennis, Squash)
radio 'reɪdɪəʊ	das	Radio
railway, **railroad** 'reɪlweɪ, 'reɪlrəʊd	die	(Eisen)bahn
rain reɪn	der	Regen
to **rain** reɪn		regnen
rainbow 'reɪnbəʊ	der	Regenbogen
rainy 'reɪnɪ		regnerisch

a b c d e f g h i j k l m n o p q r s t u v w x y z

	ran		→ to run
	ranch rænt∫	die	Ranch
	rang		→ to ring
	raspberry 'rɑːzbərɪ	die	Himbeere
	rat ræt	die	Ratte
to	**reach** riːt∫		erreichen
to	**read – read – read** riːd – red – red		lesen
	ready 'redɪ		fertig
	real, really rɪəl, 'rɪəlɪ		wirklich, echt
to	**record** rɪ'kɔːd		aufnehmen, aufzeichnen
	recorder rɪ'kɔːdə	der	Rekorder, die Blockflöte
	rectangle 'rektæŋgl	das	Rechteck
	red red		rot
	refrigerator rɪ'frɪdʒəreɪtə	der	Kühlschrank
	reindeer 'reɪndɪə	das	Rentier
	relative 'relətɪv	der	Verwandte, die Verwandte
to	**relax** rɪ'læks	sich	entspannen
to	**remember** rɪ'membə	sich	erinnern an
	remote control rɪməʊt kən'trəʊl	die	Fernbedienung, die Fernsteuerung
to	**rent** rent		mieten
to	**repair** rɪ'peə		reparieren
to	**repeat** rɪ'piːt		wiederholen
	reporter rɪ'pɔːtə	der	Reporter

to **rescue** 'reskjuː		retten
rest rest	der	Rest, die Ruhepause
restaurant 'restərɒnt	das	Restaurant
restroom 'restruːm	die	Toilette
result rɪ'zʌlt	das	Ergebnis
to **return** rɪ'tɜːn		zurückkommen, zurückkehren
rhinoceros raɪ'nɒsərəs	das	Nashorn
rhyme raɪm	der	Reim
rice raɪs	der	Reis
rich rɪtʃ		reich
to **ride – rode – ridden** raɪd – rəʊd – 'rɪdn		reiten, fahren
to **ride a bike** raɪd ə baɪk		Fahrrad fahren
to **ride a horse** raɪd ə hɔːs		reiten
right raɪt		rechts, richtig
ring rɪŋ	der	Ring
to **ring – rang – rung** rɪŋ – ræŋ – rʌŋ		klingeln, läuten
ripe raɪp		reif
to **rise – rose – risen** raɪz – rəʊz – 'rɪzn		aufsteigen, aufgehen (Sonne, Mond)
river 'rɪvə	der	Fluss
road rəʊd	die	Straße
to **roar** rɔː		brüllen (Löwe, Tiger)
to **roast** rəʊst		braten, rösten

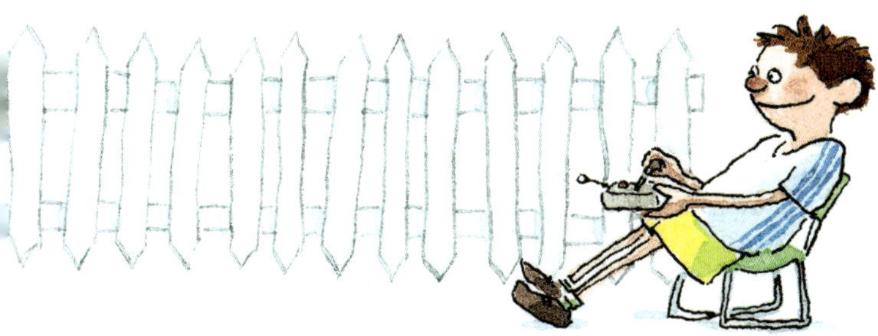

remote control

	robot	ˈrəʊbɒt	der	Roboter
	rock	rɒk	der	Fels, der Felsen
to	**rock**	rɒk		schaukeln, wiegen
	rocket	ˈrɒkɪt	die	Rakete
	rode			→ to ride
	roll	rəʊl	das	Brötchen
to	**roll**	rəʊl		rollen
	roller skate	ˈrəʊlə skeɪt	der	Rollschuh, der Rollerskate
	roof	ruːf	das	Dach
	room	ruːm	das	Zimmer, der Raum
	root	ruːt	die	Wurzel
	rope	rəʊp	das	Seil
	rope-skipping	ˈrəʊp skɪpɪŋ	das	Seilspringen
	rose	rəʊz	die	Rose, → to rise
	round	raʊnd		rund, um ... herum, die Runde
	roundabout	ˈraʊndəbaʊt	das	Karussell, der Kreisverkehr
	route	ruːt	die	Route, der Weg
	routine	ruːˈtiːn	die	Routine
	row	rəʊ	die	Reihe
	rubber	ˈrʌbə	der	Radiergummi
	rubber boots	ˈrʌbə buːts	die	Gummistiefel
	rubbish	ˈrʌbɪʃ	der	Müll
to	**rub out**	rʌb ˈaʊt		ausradieren
	rucksack	ˈrʌksæk	der	Rucksack
	rugby	ˈrʌgbɪ	das	Rugby
	rule	ruːl	die	Regel
	ruler	ˈruːlə	das	Lineal
to	**run – ran – run**	rʌn – ræn – rʌn		rennen, laufen
	rung			→ to ring
to	**rush**	rʌʃ	sich	beeilen
	rush hour	ˈrʌʃ aʊə	die	Hauptverkehrszeit, die Rushhour

	sad	sæd		traurig
	saddle	'sædl	der	Sattel
	safe	seɪf		sicher
	safety	'seɪftɪ	die	Sicherheit
	said			→ to say
to	**sail**	seɪl		segeln
	salad	'sæləd	der	Salat (zubereitet)
	sale	seɪl	der	Verkauf
	salt	sɔːlt	das	Salz
	salty	'sɔːltɪ		salzig
	same	seɪm	der	gleiche/die gleiche/das gleiche
	sand	sænd	der	Sand
	sandal	'sændl	die	Sandale
	sandbox 		der	Sandkasten
	sandpit 	'sændbaːks, 'sændpɪt		
	sandwich	'sænwɪdʒ	das	Sandwich
	sang			→ to sing
	Santa Claus	'sæntə klɔːz	der	Weihnachtsmann
	sat			→ to sit
	satellite	'sætəlaɪt	der	Satellit
	Saturday	'sætədeɪ	der	Samstag, der Sonnabend
	sauce	sɔːs	die	Soße
	sausage	'sɒsɪdʒ	die	Wurst, das Würstchen
to	**save**	seɪv		retten, sparen
	saw			→ to see
to	**say – said – said**	seɪ – sed – sed		sagen
to	**scan**	skæn		scannen
	scanner	'skænə	der	Scanner

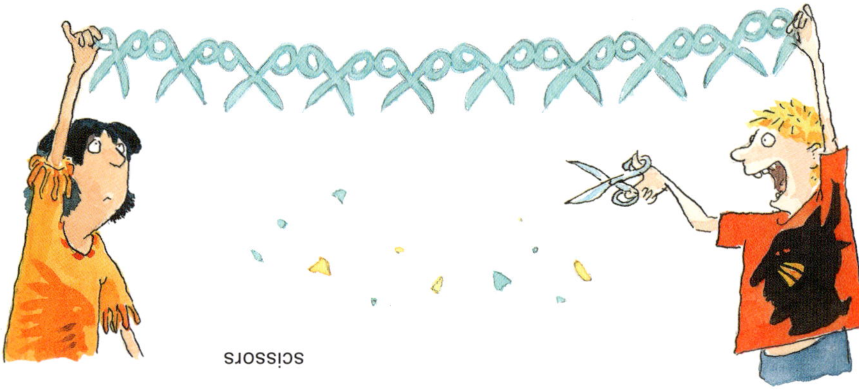

to	**scare** skeə			Angst machen
	scarf – scarves ska:f – ska:vz		der	Schal – die Schals
	school sku:l		die	Schule
	schoolbag 'sku:lbæg		die	Schultasche, der Ranzen
	science fiction saɪəns 'fɪkʃn		die	Science-Fiction
	scissors 'sɪzəz		die	Schere
	scooter 'sku:tə		der	Roller
	score skɔ:		der	Spielstand
	Scotland 'skɒtlənd			Schottland
	Scottish 'skɒtɪʃ			schottisch
to	**scratch** skrætʃ			kratzen
to	**scream** skri:m			schreien
	screen skri:n		der	Bildschirm
	sea si:		das	Meer
	seaside 'si:saɪd		die	Meeresküste
	season 'si:zn		die	Jahreszeit
	seat si:t		der	Platz, der Sitz
	seat belt 'si:t belt		der	Sicherheitsgurt
	second 'sekənd			zweite, der/die/das Zweite, die Sekunde
	secondary school 'sekəndərɪ sku:l		die	weiterführende Schule
	second-hand 'sekənd hænd			gebraucht, Secondhand-
	secret 'si:krɪt		das	Geheimnis
	secretary 'sekrətərɪ		der	Sekretär, die Sekretärin
to	**see – saw – seen** si: – sɔ: – si:n			sehen

to	**seem** si:m		scheinen (wirken)
	seen		→ to see
	see-saw 'si: sɔ:	die	Wippe
to	**sell – sold – sold** sel – səʊld – səʊld		verkaufen
to	**send – sent – sent** send – sent – sent		schicken, senden
	sense sens	der	Sinn
	sent		→ to send
	sentence 'sentəns	der	Satz
	September sep'tembə	der	September
	serious 'sɪərɪəs		ernst
to	**serve** sɜ:v		servieren, dienen
	service 'sɜ:vɪs	der	Service
	serviette (UK) sɜ:vɪ'et	die	Serviette
to	**set – set – set** set – set – set		legen, stellen
to	**set up** set 'ʌp		aufbauen, aufstellen
	seven 'sevn		sieben
	seventeen sevn'ti:n		siebzehn
	seventh 'sevnθ		siebte, der/die/das Siebte/Siebente
	seventy 'sevntɪ		siebzig
	several 'sevrl		einige, mehrere
	shadow 'ʃædəʊ	der	Schatten
	shall – should ʃæl – ʃʊd		sollen
	shampoo ʃæm'pu:	das	Shampoo
	shape ʃeɪp	die	Form
to	**share** ʃeə		teilen
	shark ʃa:k	der	Hai
	sharp ʃa:p		scharf (Messer)
to	**sharpen** 'ʃa:pn		(an)spitzen
	sharpener 'ʃa:pnə	der	Spitzer
	she ʃi:		sie
	sheep – sheep ʃi:p – ʃi:p	das	Schaf – die Schafe
	sheet ʃi:t	das	Blatt (Papier)
	shelf – shelves ʃelf – ʃelvz	das	Regal – die Regale

	shell	ʃel	die	Muschel
	sheriff	'ʃerɪf	der	Sheriff
to	**shine – shone – shone**	ʃaɪn – ʃɒn – ʃɒn		scheinen (leuchten)
	ship	ʃɪp	das	Schiff
	shirt	ʃɜːt	das	Hemd
	shoe	ʃuː	der	Schuh
	shone			→ to shine
to	**shoot – shot – shot**	ʃuːt – ʃɒt – ʃɒt		schießen
	shop	ʃɒp	das	Geschäft, der Laden
to	**shop**	ʃɒp		einkaufen
	shopping	'ʃɒpɪŋ	der	Einkauf
	short	ʃɔːt		kurz
	shorts	ʃɔːrts	die	Shorts, die Sporthose, die Unterhose
	shot			→ to shoot
	should			→ shall
	shoulder	'ʃəʊldə	die	Schulter
to	**shout**	ʃaʊt		schreien
	show	ʃəʊ	die	Vorstellung, die Show
to	**show – showed – shown**	ʃəʊ – ʃəʊd – ʃəʊn		zeigen
	shower	'ʃaʊə	der	Regenschauer, die Dusche
	shown			→ to show
to	**shut – shut – shut**	ʃʌt – ʃʌt – ʃʌt		schließen, zumachen
	shy	ʃaɪ		schüchtern
	sick	sɪk		krank
	side	saɪd	die	Seite
	sidewalk	'saɪdwɔːk	der	Bürgersteig
	sight	saɪt	die	Sehenswürdigkeit
	sign	saɪn	das	Zeichen, das Schild
	signal	'sɪgnl	das	Signal
	silly	'sɪlɪ		dumm, albern
	silver	'sɪlvə	das	Silber, silbern

	simple ˈsɪmpl		einfach
	since sɪns		seit
to	**sing – sang – sung** sɪŋ – sæŋ – sʌŋ		singen
	single ˈsɪŋgl		einfach, einzeln, der Single
	sink sɪŋk	das	Spülbecken, die Spüle
	sister ˈsɪstə	die	Schwester
to	**sit – sat – sat** sɪt – sæt – sæt		sitzen
to	**sit down** sɪt ˈdaʊn	sich	hinsetzen
	six sɪks		sechs
	sixteen sɪksˈtiːn		sechzehn
	sixth sɪksθ		sechste, der/die/das Sechste
	sixty ˈsɪkstɪ		sechzig
	size saɪz	die	Größe, der Umfang
	skate skeɪt	der	Schlittschuh
	skateboard ˈskeɪtbɔːd	das	Skateboard
	skeleton ˈskelɪtn	das	Skelett
	sketch-pad ˈsketʃ pæd	der	Zeichenblock
	ski skiː	der	Ski/Schi
	skin skɪn	die	Haut
to	**skip** skɪp		seilspringen, überspringen

	skipping rope, **skip-rope** ˈskɪpɪŋ rəʊp, ˈskɪp rəʊp	das	Springseil
	skirt skɜːt	der	Rock
	sky skaɪ	der	Himmel
	skyscraper ˈskaɪskreɪpə	der	Wolkenkratzer
	sledge sledʒ	der	Schlitten
to	**sleep – slept – slept** sliːp – slept – slept		schlafen
	sleigh sleɪ	der	(Pferde)schlitten
	slept		→ to sleep
	slice slaɪs	die	Scheibe
	slide slaɪd	die	Rutsche, das Dia
	slipper ˈslɪpə	der	Hausschuh
	slow sləʊ		langsam
	small smɔːl		klein, schmal
	smart smaːt		clever, smart, schick
	smell smel	der	Geruch
to	**smell – smelt – smelt** smel – smelt – smelt		riechen, duften
to	**smile** smaɪl		lächeln
	smoke sməʊk	der	Rauch
to	**smoke** sməʊk		rauchen
	snack snæk	der	Imbiss, der Snack
	snail sneɪl	die	Schnecke
	snake sneɪk	die	Schlange (Tier)

to smell

a b c d e f g h i j k l m n o p q r s t u v w x y z

	sneakers	ˈsniːkərz	die	Turnschuhe
to	**sneeze**	sniːz		niesen
	snow	snəʊ	der	Schnee
to	**snow**	snəʊ		schneien
	snowboard	ˈsnəʊbɔːd	das	Snowboard
	so	səʊ		so, also
	soap	səʊp	die	Seife
	soccer	ˈsɒkə	der	Fußball (Spiel)
	sock	sɒk	die	Socke, der Strumpf
	sofa	ˈsəʊfə	das	Sofa
	soft	sɒft		weich
	software	ˈsɒftweə	die	Software
	sold			→ to sell
	some	sʌm		einige, etwas
	somebody	ˈsʌmbədɪ		jemand
	somehow	ˈsʌmhaʊ		irgendwie
	someone	ˈsʌmwʌn		jemand
	something	ˈsʌmθɪŋ		etwas
	sometimes	ˈsʌmtaɪmz		manchmal
	somewhere	ˈsʌmweə		irgendwo
	son	sʌn	der	Sohn
	song	sɒŋ	das	Lied, der Song
	soon	suːn		bald
	Sorry!	ˈsɒrɪ		Entschuldigung!
	I'm sorry.			Es tut mir leid.
to	**sort**	sɔːt		sortieren
	soup	suːp	die	Suppe
	sour	ˈsaʊə		sauer
	south	saʊθ	der	Süden
	souvenir	suːvəˈnɪə	das	Andenken, das Souvenir
	space	speɪs	der	Raum, der Weltraum
	space shuttle	ˈspeɪs ʃʌtl	die	Raumfähre, der Spaceshuttle
	spaghetti	spəˈgetɪ	die	Spaghetti/Spagetti
to	**speak – spoke – spoken**	spiːk – spəʊk – ˈspəʊkn		sprechen

A B C D E F G H I J K L M N O P Q R S T U V W X Y Z

	special 'speʃl		besonderer/besondere/besonderes
	speed spiːd	die	Geschwindigkeit
to	**spell – spelt – spelt** spel – spelt – spelt		buchstabieren
to	**spend – spent – spent** spend – spent – spent		ausgeben, verbringen
	spider 'spaɪdə	die	Spinne
to	**spill** spɪl		verschütten
	spoke – spoken		→ to speak
	sponge spʌndʒ	der	Schwamm
	spoon spuːn	der	Löffel
	sport spɔːt	der	Sport
	spot spɒt	der	Fleck
	spray spreɪ	das	Spray
to	**spray** spreɪ		sprühen
	spring sprɪŋ	der	Frühling
	square skweə	das	Quadrat, quadratisch, der Platz
	squash skwɒʃ	das	Squash
	squirrel 'skwɪrl	das	Eichhörnchen
	St. Valentine's Day sənt 'væləntaɪnz deɪ	der	Valentinstag

	stair steə	die	(Treppen)stufe
	stairs steəz	die	Treppe
	stamp stæmp	die	Briefmarke
to	**stamp** stæmp		stempeln, stampfen
to	**stand – stood – stood** stænd – stʊd – stʊd		stehen
to	**stand up** stænd 'ʌp		aufstehen
	star stɑː	der	Stern, der Star (Person)
	start stɑːt	der	Anfang, der Beginn
to	**start** stɑːt		anfangen, beginnen
	station 'steɪʃn	der	Bahnhof, die Station
to	**stay** steɪ		bleiben
to	**steal – stole – stolen** stiːl – stəʊl – 'stəʊln		stehlen
	step step	die	Stufe, der Schritt
	stereo 'sterɪəʊ	die	Stereoanlage
	steward 'stjuːəd	der	Steward
	stewardess 'stjuːədɪs	die	Stewardess
to	**stick – stuck – stuck** stɪk – stʌk – stʌk		stecken, kleben
	sticker 'stɪkə	der	Aufkleber, der Sticker
	still stɪl		noch
	stocking 'stɒkɪŋ	der	Strumpf
	stole – stolen		→ to steal
	stomach 'stʌmək	der	Magen
	stone stəʊn	der	Stein
	stood		→ to stand
	stop stɒp	die	Haltestelle
to	**stop** stɒp		anhalten, aufhören
	storm stɔːm	der	Sturm
	stormy 'stɔːmɪ		stürmisch
	story 'stɔːrɪ	die	Geschichte
	stove stəʊv	der	Herd
	straight streɪt		gerade, glatt (Haare)
	strange streɪndʒ		seltsam
	strawberry 'strɔːbərɪ	die	Erdbeere
	street striːt	die	Straße

	stress	stres	der	Stress
to	**stretch**	stretʃ		strecken
	strict	strɪkt		streng
to	**strike – struck – struck**	straɪk – strʌk – strʌk		schlagen, treffen
	string	strɪŋ	die	Schnur
	stripe	straɪp	der	Streifen
	strong	strɒŋ		stark
	struck			→ to strike
	stuck			→ to stick
	student	'stju:dənt	der	Student, die Studentin
	student	u:dənt	der	Schüler, die Schülerin
to	**study**	'stʌdɪ		studieren, lernen
	stuntman – stuntmen	'stʌntmən – 'stʌntmən	der	Stuntmann – die Stuntmänner
	stuntwoman – stuntwomen	'stʌntwʊmən – 'stʌntwɪmɪn	die	Stuntfrau – die Stuntfrauen
	stupid	'stju:pɪd		dumm
	subject	'sʌbdʒɪkt	das	Thema, das (Schul)fach
to	**subtract**	səb'trækt		subtrahieren, abziehen
	subway	'sʌbweɪ	die	Untergrundbahn
	such	sʌtʃ		solch, so
	suddenly	'sʌdnlɪ		plötzlich
	sugar	'ʃʊgə	der	Zucker
	suitcase	'su:tkeɪs	der	Koffer
	summer	'sʌmə	der	Sommer
	sun	sʌn	die	Sonne
	Sunday	'sʌndeɪ	der	Sonntag
	sunflower	'sʌnflaʊə	die	Sonnenblume
	sung			→ to sing
	sunglasses	'sʌngla:sɪz	die	Sonnenbrille
	sunny	'sʌnɪ		sonnig
	sunshine	'sʌnʃaɪn	der	Sonnenschein
	super	'su:pə		toll, super
	supermarket	'su:pəma:kɪt	der	Supermarkt
	supper	'sʌpə	das	Abendbrot
	sure	ʃʊə		sicher

to	**surf**	sɜːf		surfen
	surfboard	'sɜːfbɔːd	das	Surfbrett
	surprise	sə'praɪz	die	Überraschung
to	**swallow**	'swɒləʊ		schlucken
	swam			→ to swim
to	**sweat**	swet		schwitzen
	sweater	'swetə	der	Pullover
	sweatshirt	'swetʃɜːt	das	Sweatshirt
	sweet	swiːt		süß
	sweets	swiːts	die	Süßigkeiten
to	**swim – swam – swum**	swɪm – swæm – swʌm		schwimmen
	swimming costume	'swɪmɪŋ kɒstjuːm	der	Badeanzug
	swimming pool	'swɪmɪŋ puːl	das	Schwimmbecken, das Schwimmbad
	swimming trunks	'swɪmɪŋ trʌŋks	die	Badehose
	swimsuit	'swɪmsuːt	der	Badeanzug
	swing	swɪŋ	die	Schaukel
	Swiss	swɪs		schweizerisch
	switch	swɪtʃ	der	Schalter
to	**switch**	swɪtʃ		umschalten
	Switzerland	'swɪtsələnd	die	Schweiz
	swum			→ to swim

A B C D E F G H I J K L M N O P Q R S T U V W X Y Z

	table 'teɪbl	der	Tisch
	tail teɪl	der	Schwanz
to	**take – took – taken** teɪk – tʊk – 'teɪkn		nehmen
to	**take a bath** teɪk ə bɑːθ		baden
to	**take a shower** teɪk ə 'ʃaʊə		duschen
to	**take care** teɪk keə		aufpassen
to	**take off** teɪk ɒf		ausziehen (Kleider), abheben (Flugzeug)
to	**take the bus** teɪk ðə bʌs		den Bus nehmen
	takeaway 'teɪkəweɪ	das	Essen zum Mitnehmen
	taken		→ to take
to	**talk** tɔːk		sprechen
	talk show  'tɔːk ʃəʊ	die	Talkshow
	tall tɔːl		groß, hoch
	tame teɪm		zahm
	tap tæp	der	Wasserhahn
	tape teɪp	das	Klebeband, das Tonband
	task tɑːsk	die	Aufgabe
to	**taste** teɪst		schmecken, probieren
	tattoo tə'tuː	die	Tätowierung, der/das Tattoo
	taught		→ to teach
	taxi  'tæksɪ	das	Taxi
	tea tiː	der	Tee
to	**teach – taught – taught** tiːtʃ – tɔːt – tɔːt		unterrichten
	teacher 'tiːtʃə	der	Lehrer, die Lehrerin
	team tiːm	das	Team, die Mannschaft
	tear tɪə	die	Träne

to **tear – tore – torn** teə – tɔː – tɔːn		zerreißen
to **tease** tiːz		necken
teddy bear 'tedɪ beə	der	Teddybär, der Teddy
teenager 'tiːneɪdʒə	der	Teenager
teeth		→ tooth
telephone 'telɪfəʊn	das	Telefon
telephone booth 'telɪfəʊn buːð	die	Telefonzelle
telephone box 'telɪfəʊn bɒks	die	Telefonzelle
television 'telɪvɪʒn	das	Fernsehen, der Fernseher
to **tell – told – told** tel – təʊld – təʊld		erzählen, sagen
temperature 'temprɪtʃə	die	Temperatur
ten ten		zehn
tennis 'tenɪs	das	Tennis
tent tent	das	Zelt
tenth tenθ		zehnte, der/die/das Zehnte
terrible 'terɪbl		schrecklich
terrific tə'rɪfɪk		klasse, toll
test test	die	Klassenarbeit, der Test
to **test** test		überprüfen, untersuchen
text tekst	der	Text
than ðæn		als
to **thank** θæŋk		danken
thank you 'θæŋk juː		danke schön
thanks θæŋks		danke
Thanksgiving 'θæŋksgɪvɪŋ	das	Erntedankfest
that ðæt		dieser/diese/dieses, der/die/das
the ðə		der/die/das
theatre, **theater** 'θɪətə, 'θɪətər	das	Theater

A B C D E F G H I J K L M N O P Q R S T U V W X Y Z

	their ðeə		ihr/ihre
	them ðem		sie, ihnen
	then ðen		dann
	there ðeə		da, dort
	thermometer θə'mɒmɪtə	das	Thermometer
	these ðiːz		diese, die
	they ðeɪ		sie
	thick θɪk		dick, breit
	thief – thieves θiːf – θiːvz	der	Dieb – die Diebe
	thin θɪn		dünn
	thing θɪŋ	das	Ding, die Sache
to	**think – thought – thought** θɪŋk – θɔːt – θɔːt		denken
	third θɜːd		dritte, der/die/das Dritte
	thirsty 'θɜːstɪ		durstig
	thirteen θɜː'tiːn		dreizehn
	thirty 'θɜːtɪ		dreißig
	this ðɪs		dieser/diese/dieses, der/die/das
	those ðəʊz		diese, die
	thought		→ to think
	thousand 'θaʊznd		tausend
	three θriː		drei
	threw		→ to throw
	throat θrəʊt	der	Hals, die Kehle
	through θruː		durch
to	**throw – threw – thrown** θrəʊ – θruː – θrəʊn		werfen
	thumb θʌm	der	Daumen
	thunder 'θʌndə	der	Donner
	thunderstorm 'θʌndəstɔːm	das	Gewitter
	Thursday 'θɜːzdeɪ	der	Donnerstag
	ticket 'tɪkɪt	die	Fahrkarte, das Ticket
to	**tickle** 'tɪkl		kitzeln
	tidy 'taɪdɪ		ordentlich
to	**tidy up** taɪdɪ 'ʌp		aufräumen
	tiger 'taɪgə	der	Tiger

tight taɪt		eng
till tɪl		bis
time taɪm	die	Zeit
times taɪmz		mal
three times		dreimal
timetable 'taɪmteɪbl	der	Stundenplan
tiny 'taɪnɪ		winzig
tip tɪp	die	Spitze, der Tipp, das Trinkgeld
tired 'taɪəd		müde
tissue 'tɪʃuː	das	Papiertaschentuch
to tə		zu, nach
toast təʊst	der	Toast
today tə'deɪ		heute
toe təʊ	der	Zeh
together tə'geðə		zusammen
toilet 'tɔɪlɪt	die	Toilette, das Klo
token 'təʊkn	das	Zeichen, die Marke
told		→ to tell
tomato tə'mɑːtəʊ	die	Tomate
tomorrow tə'mɒrəʊ		morgen
tongue tʌŋ	die	Zunge
tonight tə'naɪt		heute Abend
too tuː		zu, auch
too much		zu viel
I like cats, too.		Ich mag Katzen auch.
took		→ to take
tool tuːl	das	Werkzeug

a b c d e f g h i j k l m n o p q r s t u v w x y z

	tooth – teeth	tu:θ – ti:θ	der	Zahn – die Zähne
	toothpaste	'tu:θpeɪst	die	Zahnpasta
	top	tɒp	die	Spitze
	tore – torn			→ to tear
to	**touch**	tʌtʃ		berühren, anfassen
	tour	tʊə	die	Tour, die (Rund)reise
	tourist	'tʊərɪst	der	Tourist, die Touristin
	toward, towards	tə'wɔ:d, tə'wɔ:dz		auf ... zu, in Richtung
	towel	'taʊəl	das	Handtuch
	tower	'taʊə	der	Turm
	town	taʊn	die	Stadt
	town hall (GB)	taʊn 'hɔ:l	das	Rathaus
	toy	tɔɪ	das	Spielzeug
	tractor	'træktə	der	Traktor
	traffic	'træfɪk	der	Verkehr
	traffic jam	'træfɪk dʒæm	der	Stau
	traffic lights	'træfɪk laɪts	die	Ampel
	train	treɪn	der	Zug
to	**train**	treɪn		trainieren, ausbilden
	train set	'treɪn set	die	(Modell)eisenbahn
	trainer	'treɪnə	der	Trainer, die Trainerin
	trainers (GB)	'treɪnəz	die	Turnschuhe
	training	'treɪnɪŋ	das	Training
	tram	træm	die	Straßenbahn
to	**translate**	træns'leɪt		übersetzen
	transport	'trænspɔ:t	der	Transport
to	**transport**	træn'spɔ:t		transportieren, befördern
	trash (US)	træʃ	der	Müll

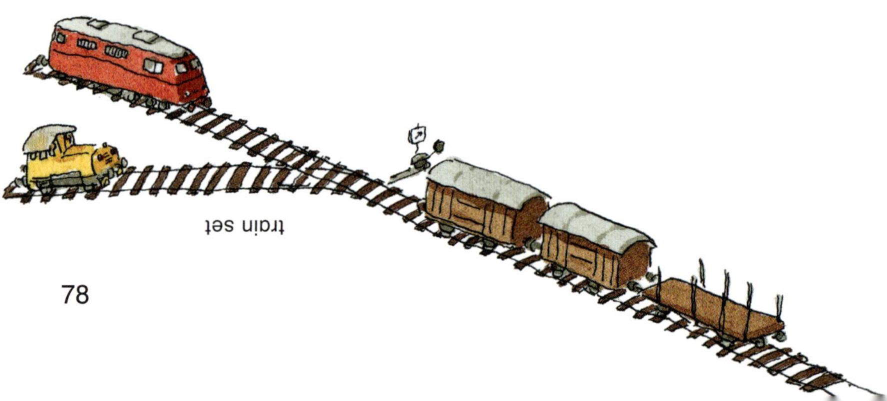

train set

to	**travel**	'trævl		reisen
	treasure	'treʒə	der	Schatz
	tree	triː	der	Baum
	triangle	'traɪæŋgl	das	Dreieck
	trick	trɪk	der	Trick
	trip	trɪp	die	Reise, der Ausflug
	trolley	'trɒlɪ	der	Einkaufswagen
	trouble	'trʌbl	der	Ärger
	trousers	'traʊzəz	die	Hose
	truck	trʌk	der	Lastwagen
	true	truː		wahr
	trumpet	'trʌmpɪt	die	Trompete
to	**trumpet**	'trʌmpɪt		trompeten
to	**trust**	trʌst		vertrauen
	truth	truːθ	die	Wahrheit
to	**try**	traɪ		versuchen
to	**try on**	traɪ 'ɒn		anprobieren
	T-Shirt	'tiːʃɜːt	das	T-Shirt
	Tuesday	'tjuːzdeɪ	der	Dienstag
	tummy	'tʌmɪ	der	Bauch, das Bäuchlein
	tunnel	'tʌnl	der	Tunnel
	turkey	'tɜːkɪ	der	Truthahn
	turn	tɜːn	die	Drehung, die Biegung
	It's your turn.			Du bist als Nächster an der Reihe.
to	**turn**	tɜːn		drehen, wenden, abbiegen
to	**turn on**	tɜːn 'ɒn		anschalten, anmachen
	TV	tiː'viː	der	Fernseher
	twelve	twelv		zwölf
	twenty	'twentɪ		zwanzig
	twice	twaɪs		zweimal
to	**twinkle**	'twɪŋkl		blinzeln
	twins	twɪnz	die	Zwillinge
	two	tuː		zwei
to	**type**	taɪp		tippen (Computer)
	tyre	'taɪə	der	Reifen

	umbrella ʌm'brelə	der	Regenschirm
	uncle 'ʌŋkl	der	Onkel
	under 'ʌndə		unter
	underground 🇬🇧 'ʌndəgraʊnd	die	U-Bahn
to	**underline** ʌndə'laɪn		unterstreichen
	underpants 🇬🇧 'ʌndəpænts	die	Unterhose
	undershirt 🇺🇸 'ʌndərʃɜːrt	das	Unterhemd
to	**understand – understood – understood** ʌndə'stænd – ʌndə'stʊd – ʌndə'stʊd		verstehen
to	**undress** ʌn'dres	sich	ausziehen
	uniform 'juːnɪfɔːm	die	Uniform
	unit 'juːnɪt	die	Lektion, die Einheit
	United Kingdom, UK juːnaɪtɪd 'kɪŋdəm, juː'keɪ	das	Vereinigte Königreich
	United States of America, USA juːnaɪtɪd steɪts əv ə'merɪkə, juːes'eɪ	die	Vereinigten Staaten von Amerika, die USA
	university juːnɪ'vɜːsɪtɪ	die	Universität
	untidy ʌn'taɪdɪ		unordentlich, ungepflegt
	until ən'tɪl		bis
	up ʌp		nach oben, aufwärts, hinauf
	upset ʌp'set		verärgert, aufgebracht
	upside down ʌpsaɪd 'daʊn		verkehrt herum
	upstairs ʌp'steəz		oben, nach oben
	us ʌs		uns
to	**use** juːz		benutzen, nutzen

useful 'juːsfl		nützlich
usual, usually 'juːʒʊəl, 'juːʒʊəlɪ		gewöhnlich, normalerweise
vacation  veɪ'keɪʃn	der	Urlaub, die Schulferien
vacuum cleaner 'vækjʊəm kliːnə	der	Staubsauger
vegetable 'vedʒɪtəbl	das	Gemüse
vehicle 'viːɪkl	das	Fahrzeug
very 'verɪ		sehr
vest  vest	das	Unterhemd
vet vet	der	Tierarzt, die Tierärztin
video 'vɪdɪəʊ	der	Videorekorder, das Video
village 'vɪlɪdʒ	das	Dorf
vinegar 'vɪnɪgə	der	Essig
violin vaɪə'lɪn	die	Geige
to **visit** 'vɪzɪt		besuchen
voice vɔɪs	die	Stimme
volleyball 'vɒlɪbɔːl	der	Volleyball
volume 'vɒljuːm	die	Lautstärke

to **wait** weɪt		warten
waiter 'weɪtə	der	Kellner
waitress 'weɪtrɪs	die	Kellnerin
to **wake – woke – woken** weɪk – wəʊk – 'wəʊkn		wecken
to **wake up** weɪk 'ʌp		aufwachen
to **walk** wɔːk		zu Fuß gehen

walkman 'wɔːkmən	der Walkman
wall wɔːl	die Wand, die Mauer
wallpaper 'wɔːlpeɪpə	die Tapete
to **want** wɒnt	wollen
wardrobe 'wɔːdrəʊb	der Kleiderschrank
warm wɔːm	warm
was	→ to be
I was, he/she/it was	ich war, er/sie/es war
to **wash** wɒʃ	waschen
washbasin 'wɒʃbeɪsn	das Waschbecken
washing machine 'wɒʃɪŋ məʃiːn	die Waschmaschine
wastebasket 'weɪstbæskɪt	der Papierkorb
waste-paper basket weɪst 'peɪpə bɑːskɪt	der Papierkorb
watch wɒtʃ	die (Armband)uhr
to **watch** wɒtʃ	sich ansehen, achten auf
to **watch TV** wɒtʃ tiː'viː	fernsehen
water 'wɔːtə	das Wasser
to **water** 'wɔːtə	gießen
watercolour, **watercolor** 'wɔːtəkʌlə, 'wɔːtərkʌlər	die Wasserfarbe
wave weɪv	die Welle
to **wave** weɪv	winken
way weɪ	der Weg
WC (water closet) dʌbljuː'siː	das WC, die Toilette, das Klo
we wiː	wir
to **wear – wore – worn** weə – wɔː – wɔːn	anhaben, tragen (Kleidung)
weather 'weðə	das Wetter
web web	das Netz
web site 'web saɪt	die Webseite
wedding 'wedɪŋ	die Hochzeit
Wednesday 'wenzdeɪ	der Mittwoch

	week wiːk	die	Woche
	weekend wiːk'end	das	Wochenende
	weight weɪt	das	Gewicht
	welcome 'welkəm		willkommen
	well – better – best wel – 'betə – best		gut – besser – am besten
	well-known wel'nəʊn		bekannt, vertraut
	went		→ to go
	were		→ to be
	you were, we were, they were		du warst/ihr wart, wir waren, sie waren
	west west	der	Westen
	wet wet		nass
	what wɒt		was
	wheel wiːl	das	Rad
	when wen		wann, wenn, als
	where weə		wo
	which wɪtʃ		welcher/welche/welches, der/die/das
to	**whisper** 'wɪspə		flüstern
to	**whistle** 'wɪsl		pfeifen
	white waɪt		weiß
	who huː		wer, der/die/das
	whole həʊl		ganz
	whose huːz		wessen, deren/dessen
	why waɪ		warum
	wide waɪd		weit, breit
	wife – wives waɪf – waɪvz	die	Ehefrau – die Ehefrauen

a b c d e f g h i j k l m n o p q r s t u v w x y z

	wild waɪld		wild
	will – would wɪl – wʊd		werden, wollen
to	**win – won – won** wɪn – wʌn – wʌn		gewinnen
	wind wɪnd	der	Wind
	window 'wɪndəʊ	das	Fenster
	windy 'wɪndɪ		windig
	wine waɪn	der	Wein
	winner 'wɪnə	der	Gewinner, die Gewinnerin
	winter 'wɪntə	der	Winter
	wish wɪʃ	der	Wunsch
to	**wish** wɪʃ		wünschen
	witch wɪtʃ	die	Hexe
	with wɪð		mit
	without wɪ'ðaʊt		ohne
	wives		→ wife
	wizard 'wɪzəd	der	Zauberer
	woke – woken		→ to wake
	wolf – wolves wʊlf – wʊlvz	der	Wolf – die Wölfe
	woman – women 'wʊmən – 'wɪmɪn	die	Frau – die Frauen
	won		→ to win
	wonderful 'wʌndəfl		wunderbar
	wood wʊd	der	Wald, das Holz
	word wɜːd	das	Wort
	wore		→ to wear
	work wɜːk	die	Arbeit
to	**work** wɜːk		arbeiten
to	**work out** wɜːk 'aʊt		rechnen
	world wɜːld	die	Welt
	World Wide Web wɜːld waɪd 'web	das	World Wide Web
	worm wɜːm	der	Wurm
	worn		→ to wear
to	**worry** 'wʌrɪ	sich	Sorgen machen
	worse – worst		→ bad
	would		→ will

	would like to wʊd laɪk tə		möchte
to	**wrap** ræp		einpacken, verpacken
to	**write – wrote – written** raɪt – rəʊt – 'rɪtn		schreiben
	wrong rɒŋ		falsch
	wrote		→ to write

to	**yawn** jɔːn		gähnen
	year jɪə	das	Jahr
	yellow 'jeləʊ		gelb
	yes jes		ja
	yesterday 'jestədeɪ		gestern
	yoghurt, yogurt 'jɒgət	der	Joghurt/Jogurt, das Joghurt/Jogurt
	you 'juː		du, ihr, Sie
	young jʌŋ		jung
	your jɔː		dein/deine, euer/eure, Ihr/Ihre

to	**zap** zæp		zappen
	zebra 'zebrə	das	Zebra
	zebra crossing zebrə 'krɒsɪŋ	der	Zebrastreifen
	zero 'zɪərəʊ	die	Null
	zip, **zipper** zɪp, 'zɪpər	der	Reißverschluss
	zoo zuː	der	Zoo

A
G
L
E
V
T
K
Q
N
D
F
P
B

S
Y
I
H
C
R
O
U
X
Z
W
J
M

der	**Abend**		evening 'iːvnɪŋ
	heute Abend		tonight
das	**Abendbrot**		supper 'sʌpə
das	**Abendessen**		dinner 'dɪnə
	abends (Uhrzeit)		p.m. piː'em
	20 Uhr		8 p.m.
	aber		but bʌt
die	**Abfahrt, die Abreise**		departure dɪ'pɑːtʃə
	absagen	to	cancel 'kænsl
	abschließen	to	lock lɒk
	acht		eight eɪt
	achte, der/die/das Achte		eighth eɪtθ
	achtzehn		eighteen eɪ'tiːn
	achtzig		eighty 'eɪtɪ
	addieren	to	add æd
die	**Adresse**		address ə'dres
der	**Affe**		monkey, ape 'mʌŋkɪ, eɪp
	Afghanistan		Afghanistan æf'gænɪstɑːn
	Afrika		Africa 'æfrɪkə
	albern		silly 'sɪlɪ
	alle		all, everybody, everyone ɔːl, 'evrɪbədɪ, 'evrɪwʌn
	allein		alone ə'ləʊn
	alles		all, everything ɔːl, 'evrɪθɪŋ
das	**Alphabet**		alphabet 'ælfəbet
	als		when, than wen, ðæn
	als ich jung war		when I was young
	größer als		bigger than
	also		so səʊ
	alt		old əʊld

A B C D E F G H I J K L M N O P Q R S T U V W X Y Z

das	**Alter**		age eɪdʒ
die	**Ameise**		ant ænt
	Amerika		America ə'merɪkə
	amerikanisch		American ə'merɪkən
die	**Ampel**		traffic lights 'træfɪk laɪts
	an		at, by, on, in æt, baɪ, ɒn, ɪn
	an der Bushaltestelle		at the bus stop
	am Fluss		by the river
	am Telefon		on the phone
	am Abend		in the evening
die	**Ananas**		pineapple 'paɪnæpl
	anderer/andere/ anderes		other 'ʌðə
der	**Anfang**		beginning, start bɪ'gɪnɪŋ, stɑːt
	anfangen	to	begin – began – begun, to start bɪ'gɪn – bɪ'gæn – bɪ'gʌn, stɑːt
	anfassen	to	touch tʌtʃ
	angeln	to	fish fɪʃ
die	**Angst**		fear fɪər
	Angst haben	to be	afraid ə'freɪd
	Angst machen	to	frighten, to scare 'fraɪtn, skeə
	anhaben	to	wear – wore – worn weə – wɔː – wɔːn
	anhalten	to	stop stɒp
	ankommen	to	arrive ə'raɪv
	anmalen	to	colour 'kʌlə
	anprobieren	to	try on traɪ 'ɒn
	anrufen	to	call, to phone, to ring – rang – rung kɔːl, fəʊn, rɪŋ – ræŋ – rʌŋ
	anschalten	to	turn on tɜːn 'ɒn
	anschnallen	to	fasten one's seat belt 'fɑːsn wʌnz 'siːt belt
	ansehen	to	look at lʊk ət
sich	**ansehen**	to	watch wɒtʃ
die	**Antwort**		answer 'ɑːnsə

a b c d e f g h i j k l m n o p q r s t u v w x y z

	antworten	to answer 'ɑːnsə
	anziehen	to put on pʊt 'ɒn → to put
sich	**anziehen**	to get dressed get drest → to get
	anzünden	to light – lit – lit laɪt – lɪt – lɪt
der	**Apfel**	apple 'æpl
die	**Apfelsine**	orange 'ɒrɪndʒ
die	**Aprikose**	apricot 'eɪprɪkɒt
der	**April**	April 'eɪprəl
das	**Aquarium**	aquarium ə'kweərɪəm
die	**Arbeit**	work, job wɜːk, dʒɒb
	arbeiten	to work wɜːk
das	**Arbeitszimmer**	study 'stʌdɪ
der	**Ärger**	trouble 'trʌbl
	arm	poor pʊə
der	**Arm**	arm ɑːm
die	**Armbanduhr**	watch wɒtʃ
der	**Arzt, die Ärztin**	doctor, doc 'dɒktə, dɒk
	Asien	Asia 'eɪʃə
der	**Astronaut, die Astronautin**	astronaut 'æstrənɔːt
	atmen	to breathe briːð
	auch	also, too 'ɔːlsəʊ, tuː
	Ich habe auch einen Hund.	I've also got a dog.
	Ich mag Katzen auch.	I like cats, too.
	auf	on ɒn
	auf ... zu	toward, towards tə'wɔːd, tə'wɔːdz
	auf jemanden zu rennen	to run towards somebody
	aufbauen	to set up set 'ʌp → to set
die	**Aufgabe**	task tɑːsk
	aufhängen	to hang up hæŋ 'ʌp → to hang
	aufhören	to finish, to stop 'fɪnɪʃ, stɒp
der	**Aufkleber**	sticker 'stɪkə
	aufmachen	to open 'əʊpn

	aufpassen	to take care teɪk keə → to take
	aufräumen	to tidy up taɪdɪ 'ʌp
	aufstehen	to get up get 'ʌp → to get, to stand up (vom Sitzplatz) stænd 'ʌp → to stand
	aufwachen	to wake up weɪk 'ʌp → to wake
	auf Wiedersehen	goodbye gʊd'baɪ
der	**Aufzug**	lift lɪft
das	**Auge**	eye aɪ
der	**Augenblick**	moment 'məʊmənt
der	**August**	August 'ɔːgəst
	aus	from, out of frɒm, aʊt əv
	aus England kommen	to come from England
	aus dem Zimmer gehen	to go out of the room
der	**Ausflug**	trip trɪp
der	**Ausgang**	exit 'eksɪt
	ausgeben	to spend – spent – spent spend – spent – spent
das	**Ausland**	foreign countries 'fɒrɪn kʌntrɪs
sich	**ausleihen**	to borrow 'bɒrəʊ
	ausradieren	to rub out rʌb 'aʊt

A B C D E F G H I J K L M N O P Q R S T U V W X Y Z

	ausruhen	to	rest rest
	aussehen	to	look lʊk
	außer		except ɪk'sept
	Australien		Australia ɒ'streɪlɪə
	auswählen	to	choose – chose – chosen tʃuːz – tʃəʊz – 'tʃəʊzn
	ausziehen	to	take off (Kleidung) teɪk ɒf → to take
sich	**ausziehen**	to	get undressed get ʌn'drest → to get
das	**Auto**		car kɑː
	Auto fahren (als Fahrer)		to drive
die	**Autobahn**		motorway 'məʊtəweɪ

das	**Baby**		baby 'beɪbɪ
das	**Babysitting**		babysitting 'beɪbɪsɪtɪŋ
die	**Backe**		cheek tʃiːk
	backen	to	bake beɪk
der	**Bäcker, die Bäckerin**		baker 'beɪkə
der	**Backofen**		oven 'ʌvn
das	**Bad**		bath bɑːθ
der	**Badeanzug**		bathing suit, swimsuit, swimming costume 'beɪðɪŋ suːt, 'swɪmsuːt, 'swɪmɪŋ kɒstjuːm
die	**Badehose**		swimming trunks 'swɪmɪŋ trʌŋks
der	**Bademantel**		bathrobe 'bɑːθrəʊb

	baden	to	take a bath teɪk ə bɑːθ → to take
die	**Badewanne**		bath 'bɑːθ
das	**Badezimmer**		bathroom 'bɑːθruːm
die	**Bahn**		train treɪn
	Bahn fahren		to go by train
der	**Bahnhof**		station, railway station 'steɪʃn, 'reɪlweɪ steɪʃn
	bald		soon suːn
der	**Balkon**		balcony 'bælkənɪ
der	**Ball**		ball bɔːl
das	**Ballett**		ballet 'bæleɪ
die	**Banane**		banana bə'nɑːnə
die	**Band**		band, group bænd, gruːp
die	**Bank**		bank (Geldinstitut), bench (zum Sitzen) bæŋk, bentʃ
der	**Bär**		bear beə
der	**Bart**		beard bɪəd
der	**Baseball**		baseball 'beɪsbɔːl
der	**Basketball**		basketball 'bɑːskɪtbɔːl
die	**Batterie**		battery 'bætərɪ
der	**Bauch, das Bäuchlein**		tummy 'tʌmɪ
	bauen	to	build – built – built bɪld – bɪlt – bɪlt
der	**Bauer, die Bäuerin**		farmer 'fɑːmə
der	**Bauernhof**		farm fɑːm
der	**Baum**		tree triː
der	**Becher**		mug mʌg
	bedecken	to	cover 'kʌvə
	bedeuten	to	mean – meant – meant miːn – ment – ment
sich	**beeilen**	to	hurry, to rush 'hʌrɪ, rʌʃ
	beenden	to	finish 'fɪnɪʃ
	befehlen	to	order 'ɔːdə
	befestigen	to	fix, to fasten (Sicherheitsgurt) fɪks, 'fɑːsn
die	**Begegnung**		meeting 'miːtɪŋ

A B C D E F G H I J K L M N O P Q R S T U V W X Y Z

der	**Beginn**	start, beginning	stɑːt, bɪ'gɪnɪŋ
	beginnen	to begin – began – begun, to start	bɪ'gɪn – bɪ'gæn – bɪ'gʌn, stɑːt
	begrüßen	to welcome	'welkəm
	behalten	to keep – kept – kept	kiːp – kept – kept
	behindert	handicapped, disabled	'hændɪkæpt, dɪ'seɪbld
	bei	at	æt
	beide	both	bəʊθ
das	**Bein**	leg	leg
	beinahe	nearly, almost	'nɪəlɪ, 'ɔːlməʊst
das	**Beispiel**	example	ɪg'zɑːmpl
	beißen	to bite – bit – bitten	baɪt – bɪt – 'bɪtn
	bekommen	to get – got – got	get – gɒt – gɒt
	Belgien	Belgium	'beldʒəm
	bellen	to bark	bɑːk
	benutzen	to use	juːz
das	**Benzin**	petrol	'petrl
	bequem	comfortable	'kʌmfətəbl
der	**Berg**	mountain	'maʊntɪn
	bereit	ready	'redɪ

to welcome

der	**Beruf**		profession prə'feʃn
sich	**beruhigen**	to	calm down kɑːm daʊn
	berühmt		famous 'feɪməs
	berühren	to	touch tʌtʃ
	beschäftigt		busy 'bɪzɪ
der	**Besen**		broom bruːm
	besitzen	to	own əʊn
	besonderer/ besondere/ besonderes		special 'speʃl
	besonders		especially ɪ'speʃəlɪ
	besprechen	to	discuss dɪ'skʌs
	bestellen	to	order 'ɔːdə
	besuchen	to	visit 'vɪzɪt
das	**Bett**		bed bed
	bevor		before bɪ'fɔː
	bewegen	to	move muːv
	bezahlen	to	pay – paid – paid peɪ – peɪd – peɪd
die	**Biene**		bee biː
der	**Bikini**		bikini bɪ'kiːnɪ
das	**Bild**		picture 'pɪktʃə
der	**Bildschirm**		screen, monitor skriːn, 'mɒnɪtə
	billig		cheap tʃiːp
	bin		am æm → to be
	ich bin		I am (I'm)
die	**Birne**		pear peə
	bis		till, until tɪl, ən'tɪl
der	**Biss**		bite baɪt
ein	**bisschen**		a bit, a little bit ə bɪt, ə 'lɪtl bɪt
	bist		are ɑː → to be
	du bist		you are (you're)
	bitte		please pliːz
	bitter		bitter 'bɪtə
die	**Blase**		bubble 'bʌbl
	blasen	to	blow – blew – blown bləʊ – bluː – bləʊn

A B C D E F G H I J K L M N O P Q R S T U V W X Y Z

das	**Blatt – die Blätter**		leaf – leaves (Pflanze), sheet (Papier) li:f – li:vz, ʃi:t
	blau		blue blu:
	bleiben	to	stay steɪ
der	**Bleistift**		pencil 'pensɪl
	blind		blind blaɪnd
der	**Blitz**		lightning 'laɪtnɪŋ
die	**Blockflöte**		recorder rɪ'kɔ:də
die	**Blume**		flower flaʊə
die	**Bluse**		blouse blaʊz
das	**Blut**		blood blʌd
der	**Boden**		ground (Erdboden), floor (Fußboden), bottom (Boden in einem Gefäß) graʊnd, flɔ:, 'bɒtəm
die	**Bohne**		bean bi:n
das	**Boot**		boat bəʊt
	böse		angry 'æŋgrɪ
	Bosnien und Herzegowina		Bosnia-Herzegovina bɒznɪəhɜ:tsəgə'vi:nə
der	**Boss**		boss bɒs
das	**Bowling**		bowling 'bəʊlɪŋ
	boxen	to	box bɒks
	braten	to	roast (im Backofen), to fry (in der Pfanne) rəʊst, fraɪ
	brauchen	to	need ni:d
	braun		brown braʊn
	brechen	to	break – broke – broken (zerbrechen) breɪk – brəʊk – 'brəʊkn
	breit		wide waɪd
	brennen	to	burn – burnt – burnt bɜ:n – bɜ:nt – bɜ:nt
das	**Brett**		board bɔ:d
der	**Brief**		letter letə
der	**Brieffreund, die Brieffreundin**		penfriend 'penfrend

bridge

der	**Briefkasten**		postbox	'pəʊstbɒks
die	**Briefmarke**		stamp	stæmp
der	**Briefträger – die Briefträger**		postman – postmen	'pəʊstmən – 'pəʊstmən
die	**Briefträgerin – die Briefträgerinnen**		postwoman – postwomen	'pəʊstwʊmən – 'pəʊstwɪmɪn
der	**Briefumschlag**		envelope	'envələʊp
die	**Brille**		glasses	'glɑːsɪz
	bringen	to	bring – brought – brought	brɪŋ – brɔːt – brɔːt
	britisch		British	'brɪtɪʃ
das	**Brot**		bread	bred
das	**Brötchen**		roll, bun (süß)	rəʊl, bʌn
die	**Brücke**		bridge	brɪdʒ
der	**Bruder**		brother	'brʌðə
	brüllen	to	roar	rɔː
die	**Brust**		chest	tʃest
das	**Buch**		book	bʊk
die	**Bücherei**		library	'laɪbrərɪ
der	**Buchstabe**		letter	letə
	buchstabieren	to	spell – spelt – spelt	spel – spelt – spelt
	bunt		colourful	'kʌləfl
die	**Burg**		castle	'kɑːsl
der	**Bürgersteig**		pavement	'peɪvmənt

a b c d e f g h i j k l m n o p q r s t u v w x y z

das	**Büro**		office	'ɒfɪs
die	**Bürste**		brush	brʌʃ
	bürsten	to	brush	brʌʃ
der	**Bus**		bus	bʌs
	den Bus nehmen		to take the bus → to take	
der	**Busch**		bush	bʊʃ
die	**Bushaltestelle**		bus stop	'bʌs stɒp
die	**Butter**		butter	'bʌtə
der	**Button**		button	'bʌtn

	campen	to	camp	kæmp
der	**Cartoon**		cartoon	kɑː'tuːn
die	**CD**		CD (compact disc)	siː'diː
die	**CD-ROM**		CD-ROM	siːdiː'rɒm
der	**CD-Spieler**		CD player	siː'diː pleɪə
der	**Cent**		cent	sent
die	**Chance**		chance	tʃɑːns
die	**Charts**		charts	tʃɑːts
der	**Chat**		chat	tʃæt
	chatten	to	chat	tʃæt
der	**Chef**		boss	bɒs
die	**Chips**		crisps	krɪsps
	clever		clever, smart	'klevə, smɑːt
der	**Clown**		clown	klaʊn
der	**Club**		club	klʌb
das	**Cockpit**		cockpit	'kɒkpɪt
der	**Code**		code	kəʊd
der	**Comic, das Comicheft**		comic	'kɒmɪk

der	**Computer**		computer kəm'pjuːtə
der	**Container**		container kən'teɪnə
die	**Cornflakes**		cornflakes 'kɔːnfleɪks
der	**Countdown, das Countdown**		countdown 'kaʊntdaʊn
der	**Cousin, die Cousine**		cousin 'kʌzn
der	**Cowboy**		cowboy 'kaʊbɔɪ
der	**Cursor**		cursor 'kɜːsə

	da		there ðeə
das	**Dach**		roof ruːf
der	**Dachboden**		attic 'ætɪk
	Dänemark		Denmark 'denmaːk
	danke, danke schön		thank you, thanks 'θæŋk juː, θæŋks
	danken	to	thank θæŋk
	dann		then ðen
das	**Darts**		darts daːts
	das		the ðə
	dass		that ðæt
das	**Datum**		date deɪt
der	**Daumen**		thumb θʌm
die	**Decke**		blanket, cover (zum Zudecken), ceiling (Zimmerdecke) 'blæŋkɪt, 'kʌvə, 'siːlɪŋ
der	**Deckel**		cover, cap 'kʌvə, kæp
	dein/deine		your jɔː
der	**Delfin**		dolphin 'dɒlfɪn

A B C D E F G H I J K L M N O P Q R S T U V W X Y Z

a b c d e f g h i j k l m n o p q r s t u v w x y z

	denken	to think – thought – thought θɪŋk – θɔːt – θɔːt
	der	the ðə
der	**Detektiv, die Detektivin**	detective dɪ'tektɪv
	deutsch	German 'dʒɜːmən
	Deutschland	Germany 'dʒɜːmənɪ
der	**Dezember**	December dɪ'sembə
das	**Dia**	slide slaɪd
	dich	you 'juː
	dick	fat, thick fæt, θɪk
	die	the ðə
der	**Dieb – die Diebe**	thief – thieves θiːf – θiːvz
der	**Dienstag**	Tuesday 'tjuːzdeɪ
	dieser/diese/dieses	this, that ðɪs, ðæt
	diese	these, those ðiːz, ðəʊz
das	**Ding**	thing θɪŋ
der	**Dinosaurier**	dinosaur 'daɪnəsɔː
	dir	you 'juː
die	**Disco/Disko**	disco 'dɪskəʊ
die	**Diskette**	disk dɪsk
	diskutieren	to discuss dɪ'skʌs
	dividieren	to divide dɪ'vaɪd

der	**DJ**		DJ (disc jockey)	diː'dʒeɪ
der	**Dollar**		dollar	'dɒlə
der	**Donner**		thunder	'θʌndə
der	**Donnerstag**		Thursday	'θɜːzdeɪ
der	**Donut**		doughnut	'dəʊnʌt
	doppelt		double	'dʌbl
das	**Dorf**		village	'vɪlɪdʒ
	dort		there	ðeə
die	**Dose**		can	kæn
der	**Drache**		dragon	'drægn
der	**Drachen**		kite	kaɪt
	draußen		outside	aʊt'saɪd
	drehen	to	turn	tɜːn
	drei		three	θriː
das	**Dreieck**		triangle	'traɪæŋgl
	dreißig		thirty	'θɜːtɪ
	dreizehn		thirteen	θɜː'tiːn
	drinnen		inside	ɪn'saɪd
	dritte, der/die/das Dritte		third	θɜːd
	drucken	to	print	prɪnt
	drücken	to	press	pres
der	**Drucker**		printer	'prɪntə
der	**Dschungel**		jungle	'dʒʌŋgl
	du		you	'juː
	duften	to	smell – smelt – smelt	smel – smelt – smelt
	dumm		stupid, silly	'stjuːpɪd, 'sɪlɪ
	dunkel		dark	dɑːk
	dünn		thin	θɪn
	durch		through	θruː
	dürfen		may – might	meɪ – maɪt
	durstig		thirsty	'θɜːstɪ
die	**Dusche**		shower	'ʃaʊə
	duschen	to	take a shower → to take	teɪk ə 'ʃaʊə
die	**DVD**		DVD (digital videodisk)	diːviː'diː

die	**Ecke**		corner 'kɔːnə
das	**Ei**		egg eg
das	**Eichhörnchen**		squirrel 'skwɪrl
	eigener/eigene/ eigenes		own əʊn
der	**Eimer**		bucket 'bʌkɪt
	ein/eine		a, an ə, ən
	eine Banane		a banana
	eine Orange		(vor Vokal:) an orange
	ein anderer/eine andere/ein anderes		another ə'nʌðə
	einchecken	to	check in tʃek 'ɪn
	einfach		simple, easy 'sɪmpl, 'iːzɪ
der	**Eingang**		entrance 'entrəns
	einige		some, several sʌm, 'sevrl
der	**Einkauf**		shopping 'ʃɒpɪŋ
	einkaufen	to	shop ʃɒp
	einkaufen gehen	to	go shopping gəʊ 'ʃɒpɪŋ → to go
	einladen	to	invite ɪn'vaɪt
die	**Einladung**		invitation ɪnvɪ'teɪʃn
	einmal		once wʌns
	ein paar		a few ə fjuː
	eins		one wʌn
	einsam		lonely 'ləʊnlɪ
	einverstanden sein	to	agree ə'griː
das	**Eis**		ice, ice cream (Eiscreme) aɪs, aɪs 'kriːm
der	**Eisbär**		polar bear pəʊlə 'beə
die	**Eisenbahn**		railway, train set (Modelleisenbahn) 'reɪlweɪ, 'treɪn set

das	**Eishockey**		ice hockey 'aɪs hɒkɪ
	eisig		icy 'aɪsɪ
der	**Elefant**		elephant 'elɪfənt
	elf		eleven ɪ'levn
der	**Ellenbogen, der Ellbogen**		elbow 'elbəʊ
die	**Eltern**		parents 'peərənts
die	**E-Mail, das E-Mail**		e-mail 'iːmeɪl
das	**Ende**		end end
	enden	to	end end
	eng		narrow, tight (Kleidung) 'nærəʊ, taɪt
der	**Engel**		angel 'eɪndʒl
	England		England 'ɪŋglənd
	englisch		English 'ɪŋglɪʃ
der	**Enkel**		grandson 'grænsʌn
die	**Enkelin**		granddaughter 'grændɔːtə
das	**Enkelkind – die Enkelkinder**		grandchild – grandchildren 'græntʃaɪld – 'græntʃɪldrən
	entdecken	to	discover dɪ'skʌvə
die	**Ente**		duck dʌk
die	**Entfernung**		distance 'dɪstəns
	entlang		along ə'lɒŋ
	entscheiden	to	decide dɪ'saɪd
	entschuldigen	to	excuse ɪk'skjuːz
	Entschuldigung!		Sorry! Excuse me! 'sɒrɪ, ɪk'skjuːz miː
sich	**entspannen**	to	relax rɪ'læks
	er		he, it hiː, ɪt
die	**Erbse**		pea piː
die	**Erdbeere**		strawberry 'strɔːbərɪ
die	**Erde**		earth ɜːθ
das	**Erdgeschoss**		ground floor graʊnd 'flɔː
die	**Erdnuss**		peanut 'piːnʌt
das	**Ergebnis**		result rɪ'zʌlt
sich	**erinnern an**	to	remember rɪ'membə
die	**Erinnerung**		memory 'memərɪ

die	**Erkältung**		cold kəʊld
	erklären	to	explain ɪk'spleɪn
	erlauben	to	allow ə'laʊ
	ernst		serious 'sɪərɪəs
	erreichen	to	reach riːtʃ
	erschrecken	to	frighten 'fraɪtn
	erste, der/die/das Erste		first fɜːst
die	**Erste Hilfe**		first aid fɜːst 'eɪd
der	**Erwachsene, die Erwachsene**		adult, grown-up 'ædʌlt, 'grəʊnʌp
	erzählen	to	tell – told – told tel – təʊld – təʊld
	es		it ɪt
der	**Esel**		donkey 'dɒŋkɪ
	essen	to	eat – ate – eaten iːt – eɪt – 'iːtn
das	**Essen**		food (Lebensmittel), meal (Mahlzeit) fuːd, miːl
der	**Essig**		vinegar 'vɪnɪgə
das	**Esszimmer**		dining room 'daɪnɪŋ ruːm
die	**Etage**		floor flɔː
	etwas		some, something sʌm, 'sʌmθɪŋ
	etwas Mineralwasser		some mineral water
	etwas zu essen		something to eat
	euch		you 'juː
	euer/eure		your jɔː
die	**Eule**		owl aʊl
der	**Euro**		euro 'jʊərəʊ
	Europa		Europe 'jʊərəp
	europäisch		European jʊərə'piːən
das	**Experiment**		experiment ɪk'sperɪmənt
der	**Experte, die Expertin**		expert 'ekspɜːt
	extra		extra 'ekstrə
	extrem		extreme ɪk'striːm

die	**Fabrik**		factory	'fæktərɪ
der	**Fabrikarbeiter, die Fabrikarbeiterin**		factory worker	'fæktərɪ wɜːkə
das	**Fach**		subject	'sʌbdʒɪkt
der	**Fachmann, die Fachfrau**		expert	'ekspɜːt
die	**Fahne**		flag	flæg
	fahren	to	go – went – gone, to ride – rode – ridden, to drive – drove – driven	gəʊ – went – gɔːn, raɪd – rəʊd – 'rɪdn , draɪv – drəʊv – 'drɪvn
	Bahn fahren		to go by train	
	Bus fahren		to go by bus	
	Fahrrad fahren		to ride a bike	
	Auto fahren (als Fahrer)		to drive	
der	**Fahrer, die Fahrerin**		driver	'draɪvə
der	**Fahrgast**		passenger	'pæsɪndʒə
die	**Fahrkarte**		ticket	'tɪkɪt
das	**Fahrrad**		bike, bicycle	baɪk, 'baɪsɪkl
	Fahrrad fahren		to cycle, to ride a bike	
der	**Fahrstuhl**		lift	lɪft
das	**Fahrzeug**		vehicle	'viːɪkl
	fair		fair	feə
	fallen	to	fall – fell – fallen	fɔːl – fel – 'fɔːln
	falsch		wrong	rɒŋ
	falten	to	fold	fəʊld
die	**Familie**		family	'fæməlɪ
der	**Fan**		fan	fæn

ʇods

	fangen	to	catch – caught – caught kætʃ – kɔːt – kɔːt
die	**Fantasie**		fantasy 'fæntəzɪ
die	**Farbe**		colour (rot, blau, ...), paint (Flüssigkeit zum Malen und Streichen) 'kʌlə, peɪnt
die	**Farm**		farm fɑːm
der	**Farmer, die Farmerin**		farmer 'fɑːmə
	fast		almost, nearly 'ɔːlməʊst, 'nɪəlɪ
das	**Fast Food/Fastfood**		fast food fɑːst 'fuːd
	faul		lazy (nicht fleißig) 'leɪzɪ
das	**Fax**		fax fæks
der	**Februar**		February 'febrʊərɪ
die	**Feder**		feather 'feðə
der	**Fehler**		error, mistake 'erə, mɪ'steɪk
	feiern	to	celebrate 'selɪbreɪt
der	**Feiertag**		holiday 'hɒlɪdeɪ
der	**Feind, die Feindin**		enemy 'enəmɪ
das	**Feld**		field fiːld
das	**Fell**		fur fɜː
der	**Fels, der Felsen**		rock rɒk
das	**Fenster**		window 'wɪndəʊ
die	**Ferien**		holidays 'hɒlɪdeɪz

die	**Fernbedienung, die Fernsteuerung**	remote control rɪməʊt kən'trəʊl
	fernsehen	to watch TV wɒtʃ tiː'viː
der	**Fernseher, das Fernsehen**	television, TV 'telɪvɪʒn, tiː'viː
die	**Ferse**	heel hiːl
	fertig	ready 'redɪ
	fest	hard hɑːd
die	**Festplatte**	hard disk hɑːd 'dɪsk
	fett	fat fæt
das	**Feuer**	fire 'faɪə
das	**Feuerwehrauto**	fire engine 'faɪər endʒɪn
die	**Feuerwehrfrau**	firefighter 'faɪəfaɪtə
der	**Feuerwehrmann – die Feuerwehrmänner**	fireman – firemen, firefighter 'faɪəmən – 'faɪəmən, 'faɪəfaɪtə
das	**Feuerwerk**	fireworks 'faɪəwɜːks
das	**Fieber**	fever 'fiːvə
der	**Film**	film fɪlm
der	**Filzstift**	felt-tipped pen 'feltɪpt pen
	finden	to find – found – found faɪnd – faʊnd – faʊnd
der	**Finger**	finger 'fɪŋgə
der	**Fisch – die Fische**	fish – fish fɪʃ – fɪʃ
	fischen	to fish fɪʃ
	fit	fit fɪt
die	**Flagge**	flag flæg
die	**Flamme**	flame fleɪm
die	**Flasche**	bottle 'bɒtl
der	**Fleck**	spot spɒt
das	**Fleisch**	meat miːt
	fleißig	hard-working 'hɑːd wɜːkɪŋ
die	**Fliege**	fly flaɪ
	fliegen	to fly – flew – flown flaɪ – fluː – fləʊn
die	**Flöte**	flute, recorder (Blockflöte) fluːt, rɪ'kɔːdə
der	**Flug**	flight flaɪt

der	**Flughafen**		airport	eəpɔːt
das	**Flugzeug**		aeroplane, plane	ˈeərəpleɪn, pleɪn
der	**Flur**		hall	hɔːl
der	**Fluss**		river	ˈrɪvə
	flüstern	to	whisper	ˈwɪspə
	folgen	to	follow	ˈfɒləʊ
die	**Form**		shape	ʃeɪp
die	**Formel 1**		Formula One	ˈfɔːmjʊlə wʌn
	fort		away	əˈweɪ
das	**Foto**		photo	ˈfəʊtəʊ
der	**Fotoapparat**		camera	ˈkæmərə
das	**Foul**		foul	faʊl
die	**Frage**		question	ˈkwestʃn
	fragen	to	ask	ɑːsk
	Frankreich		France	frɑːns
	Frau (Anrede)		Miss, Mrs	mɪz, ˈmɪsɪz
	Frau Marple		Miss Marple (unverheiratete Frau)	
	Frau Wilson		Mrs Wilson (verheiratete Frau)	
die	**Frau – die Frauen**		woman – women, wife – wives (Ehefrau)	ˈwʊmən – ˈwɪmɪn, waɪf – waɪvz
	frei		free	friː
der	**Freitag**		Friday	ˈfraɪdeɪ
die	**Freizeit**		free time, leisure time	friː taɪm, ˈleʒə taɪm
	fremd		foreign, alien	ˈfɒrɪn, ˈeɪlɪən
	fressen	to	eat – ate – eaten	iːt – eɪt – ˈiːtn

to whisper

sich	**freuen**	to be	happy 'hæpɪ
der	**Freund**		friend, boyfriend frend, 'bɔɪfrend
die	**Freundin**		friend, girlfriend frend, 'gɜːlfrend
	freundlich		friendly, kind 'frendlɪ, kaɪnd
der	**Frieden**		peace piːs
	frieren	to	freeze – froze – frozen friːz – frəʊz – 'frəʊzn
	frisch		fresh freʃ
der	**Friseur/Frisör, die Friseurin/Frisörin**		hairdresser 'heədresə
der	**Frosch**		frog frɒg
die	**Frucht – die Früchte**		fruit – fruit fruːt – fruːt
	früh		early 'ɜːlɪ
der	**Frühling**		spring sprɪŋ
das	**Frühstück**		breakfast 'brekfəst
	frühstücken	to	have breakfast hæv 'brekfəst → to have
der	**Fuchs**		fox fɒks
	fühlen	to	feel – felt – felt fiːl – felt – felt
	führen	to	guide gaɪd
	füllen	to	fill fɪl
der	**Füller**		pen pen
	fünf		five faɪv
	fünfte, der/die/das Fünfte		fifth fɪfθ
	fünfzehn		fifteen fɪf'tiːn
	fünfzig		fifty 'fɪftɪ
	für		for fə
der	**Fuß – die Füße**		foot – feet fʊt – fiːt
der	**Fußball**		football, soccer (Spiel) 'fʊtbɔːl, 'sɒkə
der	**Fußgänger**		pedestrian pɪ'destrɪən
das	**Futter**		food fuːd
	füttern	to	feed – fed – fed fiːd – fed – fed

die	**Gabel**		fork	fɔːk
	gähnen	to	yawn	jɔːn
die	**Gans – die Gänse**		goose – geese	guːs – giːs
	ganz		all, whole, quite	ɔːl, həʊl, kwaɪt
	den ganzen Tag		all day	
	die ganze Familie		the whole family	
	ganz nett		quite nice	
die	**Garage**		garage	'gærɑːʒ
der	**Garten**		garden	gɑːdn
der	**Gärtner, die Gärtnerin**		gardener	'gɑːdnə
der	**Gast**		guest	gest
das	**Gebäude**		building	'bɪldɪŋ
	geben	to	give – gave – given, to pass (anreichen)	gɪv – geɪv – 'gɪvn, pɑːs
	gebraucht		second-hand	'sekənd hænd
der	**Geburtstag**		birthday	'bɜːθdeɪ
das	**Gedächtnis**		memory	'meməri
das	**Gedicht**		poem	'pəʊɪm
die	**Gefahr**		danger	'deɪndʒə
	gefährlich		dangerous	'deɪndʒərəs
	gefallen	to	please	pliːz
das	**Gefängnis**		prison	'prɪzn
	gefrieren	to	freeze – froze – frozen	friːz – frəʊz – 'frəʊzn
das	**Gefühl**		feeling	'fiːlɪŋ
	gegen		against	ə'genst
das	**Gegenteil**		opposite	'ɒpəzɪt
	gegenüber		opposite	'ɒpəzɪt
das	**Geheimnis**		secret	'siːkrɪt

	gehen	to	go – went – gone, to walk (zu Fuß gehen) gəʊ – went – gɔːn, wɔːk
	gehörlos		deaf def
die	**Geige**		violin vaɪə'lɪn
	gelb		yellow 'jeləʊ
das	**Geld**		money 'mʌnɪ
die	**Geldbörse, der Geldbeutel**		purse pɜːs
der	**Gelee, das Gelee**		jelly 'dʒelɪ
das	**Gemüse**		vegetable 'vedʒɪtəbl
	genau		exact, exactly ɪg'zækt, ɪg'zæktlɪ
	genießen	to	enjoy ɪn'dʒɔɪ
	genug		enough ɪ'nʌf
das	**Gepäck**		luggage 'lʌgɪdʒ
	gerade		just (in diesem Moment) dʒʌst
	geradeaus		straight on streɪt ɒn
	gerecht		fair feə
der	**Geruch**		smell smel
das	**Geschäft**		shop ʃɒp
	geschehen	to	happen 'hæpn
das	**Geschenk**		present 'prezənt
die	**Geschichte**		story 'stɔːrɪ
	geschieden		divorced dɪ'vɔːst
das	**Geschirr**		dishes 'dɪʃɪz
die	**Geschirrspül-maschine**		dishwasher 'dɪʃwɒʃə
	geschlossen		closed kləʊzd
die	**Geschwindigkeit**		speed spiːd
das	**Gesicht**		face feɪs
das	**Gespenst**		ghost gəʊst
	gestern		yesterday 'jestədeɪ
	gesund		healthy 'helθɪ
das	**Getränk**		drink drɪŋk
	getrennt		separate 'sepərət

	gewesen		been	biːn → to be
das	**Gewicht**		weight	weɪt
	gewinnen	to	win – won – won	wɪn – wʌn – wʌn
der	**Gewinner, die Gewinnerin**		winner	'wɪnə
das	**Gewitter**		thunderstorm	'θʌndəstɔːm
	gießen	to	water	'wɔːtə
	giftig		poisonous	'pɔɪzənəs
die	**Giraffe**		giraffe	dʒɪ'rɑːf
die	**Gitarre**		guitar	gɪ'tɑː
das	**Glas**		glass	glɑːs
	glauben	to	believe	bɪ'liːv
	gleich		equal	'iːkwl
	gleich lang		equal in length	
der	**gleiche/die gleiche/ das gleiche**		same	seɪm
die	**Glocke**		bell	bel
	Glück haben	to be	lucky	'lʌkɪ
	glücklich		happy	'hæpɪ
das	**Gold**		gold	gəʊld
der	**Goldfisch**		goldfish	'gəʊldfɪʃ
der	**Gorilla**		gorilla	gə'rɪlə
das	**Gramm**		gram	græm
die	**Grapefruit**		grapefruit	'greɪpfruːt
das	**Gras**		grass	grɑːs

to be lucky

der	**Grashüpfer**		grasshopper	'grɑːshɒpə
	gratulieren	to	congratulate	kən'grætjʊleɪt
	grau		grey	greɪ
	Griechenland		Greece	griːs
der	**Grill, die Grillparty**		barbecue	'bɑːbɪkjuː
	groß		big, great, large, tall	bɪg, greɪt, lɑːdʒ, tɔːl
	große Füße		big feet	
	eine große (großartige) Party		a great party	
	ein großes Stück Kuchen		a large piece of cake	
	eine große Frau		a tall woman	
	Großbritannien		Great Britain, Britain	greɪt 'brɪtn, 'brɪtn
die	**Größe**		size	saɪz
die	**Großeltern**		grandparents	'grænpeərənts
die	**Großmutter**		grandmother	'grænmʌðə
die	**Großstadt**		city	'sɪtɪ
der	**Großvater**		grandfather	'grænfɑːðə
	grün		green	griːn
die	**Grundschule**		primary school	'praɪmərɪ skuːl
die	**Gruppe**		group	gruːp
der	**Gruß**		greeting	'griːtɪŋ
	gucken	to	look	lʊk
die	**Gummistiefel**		rubber boots	'rʌbə buːts

die	**Gurke**		cucumber 'kjuːkʌmbə
der	**Gürtel**		belt belt
	gut – besser – am besten		good/well – better – best gʊd/wel – 'betə – best
die	**Gymnastik**		gymnastics dʒɪm'næstɪks

das	**Haar, die Haare**		hair heə
	haben	to	have – had – had hæv – hæd – hæd
der	**Hafen**		harbour, port 'hɑːbə, pɔːt
das	**Hähnchen**		chicken 'tʃɪkɪn
der	**Hai**		shark ʃɑːk
	halb		half hɑːf
die	**Hälfte – die Hälften**		half – halves hɑːf – hɑːvz
die	**Halle**		hall hɔːl
	hallo		hello hə'ləʊ
das	**Halloween**		Halloween hæləʊ'iːn
der	**Hals**		neck nek
	halten	to	hold – held – held həʊld – held – held
die	**Haltestelle**		stop stɒp
der	**Hamburger**		burger 'bɜːgə
der	**Hammer**		hammer 'hæmə
der	**Hamster**		hamster 'hæmstə
die	**Hand**		hand hænd
der	**Handschuh**		glove glʌv
das	**Handtuch**		towel 'taʊəl
das	**Handy**		mobile phone, cellphone məʊbaɪl 'fəʊn,'selfəʊn

	hängen	to	hang – hung – hung hæŋ – hʌŋ – hʌŋ
	hart		hard hɑːd
	hassen	to	hate heɪt
	hast		have hæv → to have
	du hast		you have (you‘ve)
	hat		has hæz → to have
	er/sie/es hat		he/she/it has
	hatte, hatten		had → to have
die	**Hauptstadt**		capital 'kæpɪtl
das	**Haus**		house haʊs
die	**Hausaufgaben**		homework 'həʊmwɜːk
der	**Hausschuh**		slipper 'slɪpə
das	**Haustier**		pet pet
die	**Haut**		skin skɪn
	heben	to	lift lɪft
das	**Heft**		exercise book 'eksəsaɪz bʊk
	heiß		hot hɒt
die	**Heizung**		heating 'hiːtɪŋ
	helfen	to	help help
	hell		light laɪt
	hellblau		light blue
das	**Hemd**		shirt ʃɜːt
die	**Henne**		hen hen
der	**Herbst**		autumn 'ɔːtəm
der	**Herd**		stove stəʊv
	Herr (Anrede)		Mr 'mɪstə
	Herr Beckham		Mr Beckham
	herunter		down daʊn
	herunterladen	to	download daʊn'ləʊd
das	**Herz**		heart hɑːt
die	**Heuschrecke**		grasshopper 'grɑːshɒpə
	heute		today tə'deɪ
die	**Hexe**		witch wɪtʃ
	hier		here hɪə
die	**Himbeere**		raspberry 'rɑːzbərɪ
der	**Himmel**		sky skaɪ

a b c d e f g h i j k l m n o p q r s t u v w x y z

	hinauf		up ʌp
	hinaus		out aʊt
	hinein		in ɪn
	hineingehen	to	enter 'entə
sich	**hinsetzen**	to	sit down sɪt 'daʊn → to sit
	hinten		at the back æt ðə bæk
	hinter		behind bɪ'haɪnd
	hinunter		down daʊn
der	**Hirsch – die Hirsche**		deer – deer dɪə – dɪə
die	**Hitliste**		charts tʃɑːts
die	**Hitze**		heat hiːt
das	**Hobby**		hobby 'hɒbɪ
	hoch		high haɪ
die	**Hochzeit**		wedding 'wedɪŋ
das	**Hockey**		hockey 'hɒkɪ
der	**Hof**		court kɔːt
	hoffen	to	hope həʊp
die	**Höhle**		cave keɪv
	holen	to	fetch fetʃ
das	**Holz**		wood wʊd
die	**Homepage**		homepage 'həʊmpeɪdʒ
der	**Honig**		honey 'hʌnɪ
	hören	to	hear – heard – heard hɪə – hɜːd – hɜːd
der	**Horror**		horror 'hɒrə
die	**Hose**		trousers 'traʊzəz
das	**Hotel**		hotel həʊ'tel
	hübsch		pretty 'prɪtɪ
der	**Hubschrauber**		helicopter 'helɪkɒptə
der	**Hügel**		hill hɪl
das	**Huhn**		chicken, hen 'tʃɪkɪn, hen
der	**Hund**		dog dɒg
	hundert		hundred 'hʌndrəd
	hungrig		hungry 'hʌŋgrɪ
	hüpfen	to	hop hɒp
	husten	to	cough kɒf
der	**Hut**		hat hæt

	ich	I aɪ
die	**Idee**	idea aɪˈdɪə
der	**Igel**	hedgehog ˈhedʒhɒg
	ihm	him hɪm
	ihn	him hɪm
	ihnen	them ðem
	ihr	you ˈjuː
	ihr/ihre	her, its, their hɜː, ɪts, ðeə
	immer	always ˈɔːlweɪz
	in	in, into, at ɪn, ˈɪntə, ət
	in meinem Zimmer	in my room
	ins Haus gehen	to go into the house
	in der Schule	at school
der	**Indianer, die Indianerin**	Indian ˈɪndɪən
die	**Information**	information ɪnfəˈmeɪʃn
die	**Inliner, die Inlineskates**	in-liners, in-line skates ɪnˈlaɪnəz, ˈɪnlaɪn skeɪts
der	**Input**	input ˈɪnpʊt
das	**Insekt**	insect ˈɪnsekt
die	**Insel**	island ˈaɪlənd
das	**Instrument**	instrument ˈɪnstrʊmənt
	interessant	interesting ˈɪntrəstɪŋ
das	**Interesse**	interest ˈɪntrəst
	interessiert	interested ˈɪntrəstɪd
	international	international ɪntəˈnæʃənl
das	**Internet**	Internet ˈɪntənet
das	**Interview**	interview ˈɪntəvjuː
	Irak	Iraq ɪˈrɑːk
	Iran	Iran ɪˈrɑːn
	irgendein/irgendeine	any ˈenɪ

A B C D E F G H I J K L M N O P Q R S T U V W X Y Z

a b c d e f g h i j k l m n o p q r s t u v w x y z

	irgendwie	somehow 'sʌmhaʊ
	irgendwo	somewhere 'sʌmweə
	Irland	Ireland 'aɪələnd
	ist	is ɪz → to be
	er/sie/es ist	he/she/it is, he's/she's/it's
	Italien	Italy 'ɪtəlɪ

	ja	yes jes
die	**Jacke**	jacket 'dʒækɪt
das	**Jahr**	year jɪə
die	**Jahreszeit**	season 'si:zn
der	**Januar**	January 'dʒænjʊərɪ
die	**Jeans**	jeans dʒi:nz
	jeder/jede/jedes	each, every, everybody i:tʃ, 'evrɪ, 'evrɪbədɪ
	jemals	ever 'evə
	jemand	somebody 'sʌmbədɪ
	jetzt	now naʊ
der	**Job**	job dʒɒb
der	**Joghurt/Jogurt, das Joghurt/Jogurt**	yoghurt, yogurt 'jɒgət
die	**Johannisbeere**	currant 'kʌrənt
der	**Joystick**	joystick 'dʒɔɪstɪk
das	**Judo**	judo 'dʒu:dəʊ
	Jugoslawien	Yugoslavia ju:gə'slɑ:vɪə
der	**Juli**	July dʒʊ'laɪ
	jung	young jʌŋ
der	**Junge**	boy bɔɪ
der	**Juni**	June dʒu:n

der	**Käfer**	beetle 'biːtl
der	**Kaffee**	coffee 'kɒfɪ
der	**Käfig**	cage keɪdʒ
der	**Kakao**	drinking chocolate (Trinkschokolade) ' 'drɪŋkɪŋ tʃɒklət
der	**Kalender**	calendar 'kælɪndə
	kalt	cold kəʊld
das	**Kamel**	camel 'kæml
die	**Kamera**	camera 'kæmərə
der	**Kamm**	comb kəʊm
	kämmen	to comb kəʊm
	kämpfen	to fight – fought – fought faɪt – fɔːt – fɔːt
	Kanada	Canada 'kænədə
der	**Kanal**	channel 'tʃænl
das	**Känguru**	kangaroo kæŋgə'ruː
das	**Kaninchen**	rabbit 'ræbɪt
der	**Kapitän**	captain 'kæptɪn
die	**Kappe**	cap kæp
	kaputtmachen	to break – broke – broken breɪk – brəʊk – 'brəʊkn
das	**Karate**	karate kə'rɑːtɪ
die	**Karotte**	carrot 'kærət
die	**Karte**	card, map (Landkarte), menu (Speisekarte) kɑːd, mæp, 'menjuː
die	**Kartoffel**	potato pə'teɪtəʊ
die	**Kartoffelchips**	crisps krɪsps
das	**Karussell**	roundabout, merry-go-round 'raʊndəbaʊt, 'merɪ gəʊ raʊnd

der **Käse**		cheese	tʃiːz
die **Kassette**		cassette	kə'set
der **Kassettenrekorder**		cassette recorder	kə'set rɪkɔːdə
die **Katze**		cat	kæt
kaufen	to	buy – bought – bought	baɪ – bɔːt – bɔːt
das **Kaufhaus**		department store	dɪ'paːtmənt stɔː
das **Kaugummi, der Kaugummi**		chewing gum	'tʃuːɪŋɡʌm
kein/keine		no	nəʊ
der **Keks**		biscuit	'bɪskɪt
der **Keller**		cellar	'selə
der **Kellner**		waiter	'weɪtə
die **Kellnerin**		waitress	'weɪtrɪs
kennen	to	know – knew – known	nəʊ – njuː – nəʊn
die **Kerze**		candle	kændl
der **Ketchup/Ketschup, das Ketchup/Ketschup**		ketchup	'ketʃʌp
das **Keyboard**		keyboard	'kiːbɔːd
kicken	to	kick	kɪk
das **Kilogramm, das Kilo**		kilogram, kilo	'kɪləgræm, 'kiːləʊ
der **Kilometer**		kilometre	kɪ'lɒmɪtə

ketchup

das	**Kind – die Kinder**		child – children, kid tʃaɪld – 'tʃɪldrən, kɪd
der	**Kindergarten**		kindergarten 'kɪndəgɑːtn
das	**Kinderzimmer**		children's room 'tʃɪldrənz ruːm
das	**Kino**		cinema 'sɪnɪmə
die	**Kirche**		church tʃɜːtʃ
die	**Kirsche**		cherry 'tʃerɪ
das	**Kissen**		cushion 'kʊʃn
	kitzeln	to	tickle 'tɪkl
	klar		clear klɪə
	klasse		terrific, super tə'rɪfɪk, 'suːpə
die	**Klasse**		class klɑːs
die	**Klassenarbeit**		test test
	klatschen	to	clap klæp
das	**Klavier**		piano pɪ'ænəʊ
	kleben	to	stick – stuck – stuck stɪk – stʌk – stʌk
der	**Klebstoff**		glue gluː
das	**Kleid**		dress dres
der	**Kleiderschrank**		wardrobe 'wɔːdrəʊb
die	**Kleidung**		clothes kləʊðz
	klein – kleiner – am kleinsten		small/little – smaller – smallest smɔːl/'lɪtl – 'smɔːlə – 'smɔːlɪst
	klettern	to	climb klaɪm
	klingeln	to	ring – rang – rung rɪŋ – ræŋ – rʌŋ
das	**Klo**		toilet, WC 'tɔɪlɪt, dʌbljuː'siː
	klopfen	to	knock nɒk
der	**Klub**		club klʌb
	klug		clever 'klevə
das	**Knie**		knee niː
der	**Knochen**		bone bəʊn
der	**Knopf**		button 'bʌtn
der	**Koch, die Köchin**		cook kʊk
	kochen	to	cook, to boil kʊk, bɔɪl
	ein Essen kochen		to cook a meal
	Eier kochen		to boil eggs

A B C D E F G H I J K L M N O P Q R S T U V W X Y Z

der	**Kode**		code kəʊd
der	**Koffer**		suitcase ˈsuːtkeɪs
	komisch		funny ˈfʌnɪ
	kommen	to	come – came – come kʌm – keɪm – kʌm
der	**König**		king kɪŋ
die	**Königin**		queen kwiːn
	können	to be	able to ˈeɪbl tə → to be, can – could kæn – kʊd
	kontrollieren	to	check tʃek
das	**Konzert**		concert ˈkɒnsət
der	**Kopf**		head hed
die	**Kopfschmerzen**		headache ˈhedeɪk
das	**Kopfkissen**		pillow ˈpɪləʊ
die	**Kopie**		copy ˈkɒpɪ
	kopieren	to	copy ˈkɒpɪ
der	**Korb**		basket ˈbɑːskɪt
der	**Körper**		body ˈbɒdɪ
	korrigieren	to	correct kəˈrekt
	kosten	to	cost – cost – cost kɒst – kɒst – kɒst
das	**Kostüm**		costume ˈkɒstjuːm
die	**Kraft**		power paʊə
	kräftig		powerful ˈpaʊəfl
	krank		ill, sick ɪl, sɪk
das	**Krankenhaus**		hospital ˈhɒspɪtl
die	**Krankenschwester, der Krankenpfleger**		nurse nɜːs
der	**Krankenwagen**		ambulance ˈæmbjʊləns
	kratzen	to	scratch skrætʃ
	kratzig		itchy ˈɪtʃɪ
die	**Kräuter**		herbs hɜːbz
die	**Kreide**		chalk tʃɔːk
der	**Kreis**		circle ˈsɜːkl
der	**Kreisverkehr**		roundabout ˈraʊndəbaʊt
das	**Kreuz**		cross krɒs
die	**Kreuzung**		crossing ˈkrɒsɪŋ

to copy

das	**Kricket**		cricket ˈkrɪkɪt
	kriechen	to	crawl krɔːl
	Kroatien		Croatia krəʊˈeɪʃə
das	**Krokodil**		crocodile ˈkrɒkədaɪl
die	**Krone**		crown kraʊn
die	**Küche**		kitchen ˈkɪtʃɪn
der	**Kuchen**		cake keɪk
der	**Kugelschreiber**		ballpoint (pen) ˈbɔːlpɔɪnt
die	**Kuh**		cow kaʊ
	kühl		cool, chilly kuːl, ˈtʃɪlɪ
der	**Kühlschrank**		fridge, refrigerator frɪdʒ, rɪˈfrɪdʒəreɪtə
der	**Kuli**		ballpoint (pen) ˈbɔːlpɔɪnt
der	**Kürbis**		pumpkin ˈpʌmpkɪn
die	**Kurve**		curve kɜːv
	kurz		short ʃɔːt
die	**Kusine**		cousin ˈkʌzn
der	**Kuss**		kiss kɪs
	küssen	to	kiss kɪs
die	**Küste**		coast, seaside kəʊst, ˈsiːsaɪd

	lächeln	to	smile	smaɪl
	lachen	to	laugh	lɑːf
	laden	to	load	ləʊd
der	**Laden**		shop	ʃɒp
die	**Lampe**		lamp	læmp
das	**Land**		country	ˈkʌntrɪ
die	**Landkarte**		map	mæp
	lang		long	lɒŋ
	langsam		slow	sləʊ
sich	**langweilen**	to be	bored	bɔːd
	langweilig		boring	ˈbɔːrɪŋ
der	**Laptop**		laptop	ˈlæptɒp
	lassen	to	let – let – let, to leave – left – left (zurücklassen)	let – let – let, liːv – left – left
der	**Lastwagen**		lorry	ˈlɒrɪ
	laufen	to	run – ran – run (rennen), to go – went – gone (gehen)	rʌn – ræn – rʌn, gəʊ – went – gɒn
	laut		loud, noisy	laʊd, ˈnɔɪzɪ
die	**Lautstärke**		volume	ˈvɒljuːm
	leben	to	live	lɪv
das	**Leben – die Leben**		life – lives	laɪf – laɪvz
das	**Lebensmittel**		food	fuːd
	lecker		delicious	dɪˈlɪʃəs
	leer		empty	ˈemptɪ
	legen	to	put – put – put, to set – set – set	pʊt – pʊt – pʊt, set – set – set
der	**Lehrer, die Lehrerin**		teacher	ˈtiːtʃə

	leicht		easy, simple (einfach), light (Gewicht) 'iːzɪ, 'sɪmpl, laɪt
	leise		quiet 'kwaɪət
die	**Leiter**		ladder 'lædə
	lernen	to	learn lɜːn
	lesen	to	read – read – read riːd – red – red
	letzter/letzte/letztes		last lɑːst
die	**Leute**		people 'piːpl
das	**Licht**		light laɪt
	lieb		kind, dear (im Brief) kaɪnd, dɪə
	Lieber David, ...		Dear David, ...
die	**Liebe**		love lʌv
	lieben	to	love lʌv
der	**Liebling**		darling 'dɑːlɪŋ
	Lieblings-		favourite 'feɪvərɪt
	mein Lieblingsbuch		my favourite book
	Liechtenstein		Liechtenstein lɪktənʃtaɪn
das	**Lied**		song sɒŋ
	liegen	to	lie – lay – lain laɪ – leɪ – leɪn
	lila		purple 'pɜːpl
die	**Limonade**		lemonade lemə'neɪd
das	**Lineal**		ruler 'ruːlə
die	**Linie**		line laɪn
	links		left left
die	**Lippe**		lip lɪp
der	**Lippenstift**		lipstick 'lɪpstɪk
der	**Liter**		litre 'liːtə
das	**Loch**		hole həʊl
der	**Löffel**		spoon spuːn
der	**Löwe**		lion 'laɪən
die	**Luft**		air eə
der	**Luftballon**		balloon bə'luːn
	lügen	to	lie laɪ
	lustig		funny 'fʌnɪ
der	**Lutscher**		lollipop 'lɒlɪpɒp
	Luxemburg		Luxembourg 'lʌksəmbɜːg

	machen	to	make – made – made meɪk – meɪd – meɪd
die	**Macht**		power paʊə
das	**Mädchen**		girl gɜːl
der	**Magen**		stomach 'stʌmək
die	**Mahlzeit**		meal miːl
der	**Mai**		May meɪ
der	**Mais**		corn kɔːn
	Makedonien		Macedonia mæsɪ'dəʊnɪə
	mal		times taɪmz
	dreimal		three times
	malen	to	paint peɪnt
die	**Mama, die Mami**		mum, mummy mʌm, 'mʌmɪ
	manchmal		sometimes 'sʌmtaɪmz
der	**Mann – die Männer**		man – men, husband (Ehemann) mæn – men, 'hʌzbənd
die	**Mannschaft**		team tiːm
der	**Mantel**		coat kəʊt
das	**Mäppchen**		pencil case 'pensɪl keɪs
die	**Mappe**		folder 'fəʊldə
das	**Märchen**		fairy tale 'feərɪ teɪl
der	**Marienkäfer**		ladybird 'leɪdɪbɜːd
der	**Markt**		market 'maːkɪt
die	**Marmelade**		jam dʒæm
der	**März**		March maːtʃ
die	**Maschine**		machine mə'ʃiːn
das	**Match**		match mætʃ
die	**Mathematik, die Mathe**		mathematics, maths mæθɪ'mætɪks, mæθs

die	**Mauer**		wall	wɔːl
der	**Maulwurf**		mole	məʊl
die	**Maus – die Mäuse**		mouse – mice	maʊs – maɪs
die	**Medizin**		medicine	'medsən
das	**Meer**		ocean, sea	'əʊʃn, siː
das	**Meerschweinchen**		guinea pig	'gɪnɪ pɪg
	mehrere		several	'sevrl
die	**Meile**		mile	maɪl
	mein/meine		my	maɪ
	meinen	to	think – thought – thought	θɪŋk – θɔːt – θɔːt
	meiner/meine/meins		mine	maɪn
die	**Meinung**		opinion	ə'pɪnjən
der	**Meister**		champion (Sport)	'tʃæmpɪən
die	**Melone**		melon	'melən
die	**Menschen**		people	'piːpl
das	**Messer – die Messer**		knife – knives	naɪf – naɪvz
der	**Meter**		metre	'miːtə
der	**Metzger, die Metzgerin**		butcher	'bʊtʃə
	miauen	to	mew	mjuː
	mich		me	miː
	mieten	to	rent	rent
die	**Milch**		milk	mɪlk
der	**Millimeter**		millimetre	'mɪlɪmiːtə
die	**Million**		million	'mɪljən
das	**Mineralwasser**		mineral water	'mɪnərəl wɔːtə
die	**Minute**		minute	'mɪnɪt
	mir		me	miː
	mischen	to	mix	mɪks
	mit		with	wɪð
der	**Mittag**		noon	nuːn
das	**Mittagessen**		lunch	lʌnʃ
die	**Mitte**		centre, middle	'sentə, 'mɪdl
die	**Mitternacht**		midnight	'mɪdnaɪt
der	**Mittwoch**		Wednesday	'wenzdeɪ
die	**Möbel**		furniture	'fɜːnɪtʃə

das	**Mobiltelefon**		mobile phone, cellphone məʊbaɪl 'fəʊn, 'selfəʊn
	möchte		would like to wʊd laɪk tə
	ich möchte		I would like to (I'd like to)
die	**Mode**		fashion 'fæʃn
	modern		modern 'mɒdn
	mögen	to	like, to love laɪk, lʌv
	möglich		possible 'pɒsɪbl
die	**Möhre, die Mohrrübe**		carrot 'kærət
der	**Moment**		moment 'məʊmənt
der	**Monat**		month mʌnθ
der	**Mond**		moon muːn
das	**Monster**		monster 'mɒnstə
der	**Montag**		Monday 'mʌndeɪ
	morgen		tomorrow tə'mɒrəʊ
	morgens (Uhrzeit)		a.m. eɪ'em
	9 Uhr		9 a.m.
der	**Morgen**		morning 'mɔːnɪŋ
der	**Motor**		engine, motor 'endʒɪn, 'məʊtə
das	**Motorrad**		motorcycle, motorbike 'məʊtəsaɪkl, 'məʊtəbaɪk
das	**Mountainbike**		mountain bike 'maʊntɪn baɪk
	müde		tired 'taɪəd
der	**Muffin**		muffin 'mʌfɪn
der	**Müll**		rubbish 'rʌbɪʃ
die	**Mülltonne**		dustbin 'dʌstbɪn
	multiplizieren	to	multiply 'mʌltɪplaɪ
der	**Mund**		mouth maʊθ
die	**Münze**		coin kɔɪn
die	**Muschel**		shell ʃel
das	**Museum**		museum mjuː'ziːəm
die	**Musik**		music 'mjuːzɪk
	müssen		must/have to – had to mʌst/hæv tə – hæd tə
die	**Mutter**		mother 'mʌðə
die	**Mütze**		cap kæp

a b c d e f g h i j k l m n o p q r s t u v w x y z

	nach	after, to 'ɑːftə, tə
	nach der Schule	after school
	nach London fahren	to go to London
der	**Nachbar, die Nachbarin**	neighbour 'neɪbə
	nachdem	after 'ɑːftə
der	**Nachmittag**	afternoon ɑːftə'nuːn
	nachmittags (Uhrzeit)	p.m. piː'em
	14 Uhr	2 p.m.
	nach oben	up, upstairs ʌp, ʌp'steəz
	nach oben klettern	to climb up
	nach oben gehen (im Haus)	to go upstairs
die	**Nachricht**	message 'mesɪdʒ
die	**Nachrichten**	news (Radio, Fernsehen) njuːz
	nachschlagen, nachschauen	to look up lʊk 'ʌp
	nächster/nächste/ nächstes	next nekst
die	**Nacht**	night naɪt
der	**Nachtisch**	dessert dɪ'zɜːt
	nach unten	down, downstairs daʊn, daʊn'steəz
	nach unten klettern	to climb down
	nach unten gehen (im Haus)	to go downstairs
	nackt	naked 'neɪkɪd
der	**Nagel**	nail neɪl
	nahe	near, close nɪə, kləʊs
in der	**Nähe**	near nɪə

der	**Name**		name neɪm
die	**Nase**		nose nəʊz
das	**Nashorn**		rhinoceros raɪ'nɒsərəs
	nass		wet wet
die	**Natur**		nature 'neɪtʃə
	natürlich		of course (selbstverständlich) əv 'kɔːs
der	**Nebel**		fog fɒg
	neben		beside, next to bɪ'saɪd, nekst tə
	neblig		foggy 'fɒgɪ
	nehmen	to	take – took – taken teɪk – tʊk – 'teɪkn
	den Bus nehmen		to take the bus
	nein		no nəʊ
	nennen	to	call kɔːl
	nervös		nervous 'nɜːvəs
das	**Nest**		nest nest
	nett		nice naɪs
	neu		new njuː
das	**Neujahr**		New Year njuː 'jɪə
	neun		nine naɪn
	neunte, der/die/das Neunte		ninth naɪnθ
	neunzehn		nineteen naɪn'tiːn
	neunzig		ninety 'naɪntɪ

	Neuseeland		New Zealand njuː ˈziːlənd
	nicht		not nɒt
	nichts		nothing ˈnʌθɪŋ
	nie		never ˈnevə
die	**Niederlande**		Netherlands ˈneðələndz
	niedrig		low ləʊ
	niemals		never ˈnevə
	niemand		nobody, no one ˈnəʊbədɪ, ˈnəʊ wʌn
	niesen	to	sneeze sniːz
das	**Nilpferd**		hippo, hippopotamus ˈhɪpəʊ, hɪpəˈpɒtəməs
	nirgends		nowhere ˈnəʊweə
	noch		still stɪl
	noch einer/noch eine/ noch eins		another
der	**Norden**		north nɔːθ
	normalerweise		usually ˈjuːʒʊəlɪ
der	**Notfall**		emergency ɪˈmɜːdʒənsɪ
der	**November**		November nəˈvembə
die	**Nudeln**		noodles, pasta ˈnuːdlz, ˈpæstə
die	**Null**		zero ˈzɪərəʊ
die	**Nummer**		number ˈnʌmbə
	nur		only ˈəʊnlɪ
die	**Nuss**		nut nʌt
	nützlich		useful ˈjuːsfl

a b c d e f g h i j k l m n o p q r s t u v w x y z

	oben	upstairs (im Haus), at the top (an der Spitze)	ʌp'steəz, æt ðə tɒp
	oberhalb	above	ə'bʌv
das	**Obst**	fruit	fruːt
	oder	or	ɔː
	offen	open	'əʊpn
	öffnen	to open	'əʊpn
	oft	often	'ɒfn
	ohne	without	wɪ'ðaʊt
das	**Ohr**	ear	ɪə
	okay	OK, okay	əʊ'keɪ
der	**Oktober**	October	ɒk'təʊbə
das	**Öl**	oil	ɔɪl
die	**Oma**	grandma	'grænmaː
der	**Onkel**	uncle	'ʌŋkl
der	**Opa**	grandpa	'grænpaː
	orange	orange	'ɒrɪndʒ
die	**Orange**	orange	'ɒrɪndʒ
das	**Orchester**	orchestra	'ɔːkɪstrə
der	**Ordner**	folder	'fəʊldə
der	**Ort**	place	pleɪs
der	**Osten**	east	iːst
das	**Ostern**	Easter	'iːstə
	Österreich	Austria	'ɒstrɪə
	österreichisch	Austrian	'ɒstrɪən
das	**Outfit**	outfit	'aʊtfɪt
der	**Output**	output	'aʊtpʊt
der	**Ozean**	ocean	'əʊʃn

ein	**paar**		a few, some	ə fjuː, sʌm
das	**Paar**		pair (zwei), couple (zwei Menschen)	peə, kʌpl
	packen	to	pack	pæk
das	**Paket**		parcel	'pɑːsl
der	**Papa, der Papi**		dad, daddy	dæd, 'dædɪ
der	**Papagei**		parrot	'pærət
das	**Papier**		paper	'peɪpə
	ein Blatt Papier		a sheet of paper	
der	**Papierkorb**		waste-paper basket	weɪst 'peɪpə bɑːskɪt
das	**Papiertaschentuch**		tissue	'tɪʃuː
die	**Paprika**		pepper	'pepə
der	**Park**		park	pɑːk
	parken	to	park	pɑːk
der	**Parkplatz**		car park	'kɑː pɑːk
der	**Partner, die Partnerin**		partner	'pɑːtnə
die	**Party**		party	'pɑːtɪ
der	**Pass**		passport	'pɑːspɔːt
der	**Passagier**		passenger	'pæsɪndʒə
	passen	to	fit	fɪt
	passieren	to	happen	'hæpn
die	**Pause**		break, rest	breɪk, rest
der	**PC**		PC (personal computer)	piː'siː
der	**Pence**		pence	pens
die	**Person**		person	'pɜːsn
der	**Pfad**		path	pɑːθ
die	**Pfanne**		pan	pæn
der	**Pfannkuchen**		pancake	'pænkeɪk
der	**Pfeffer**		pepper	'pepə
	pfeifen	to	whistle	'wɪsl

A B C D E F G H I J K L M N O P Q R S T U V W X Y Z

der **Pfeil**	arrow, dart (Wurfpfeil) 'ærəʊ, dɑːt
das **Pferd**	horse hɔːs
der **Pfirsich**	peach piːtʃ
die **Pflanze**	plant plɑːnt
pflanzen	to plant plɑːnt
das **Pflaster**	plaster 'plɑːstə
die **Pflaume**	plum plʌm
pflücken	to pick pɪk
das **Pfund**	pound paʊnd
das **Picknick**	picnic 'pɪknɪk
das **Piercing**	piercing 'pɪəsɪŋ
der **Pilot**	pilot 'paɪlət
der **Pilz**	mushroom 'mʌʃrʊm
der **Pinguin**	penguin 'peŋgwɪn
pink	pink pɪŋk
der **Pinsel**	brush brʌʃ
der **Pirat**	pirate 'paɪrət
die **Pizza**	pizza 'piːtsə
das **Plakat**	poster 'pəʊstə
der **Plan**	plan plæn
planen	to plan plæn
der **Planet**	planet 'plænɪt
das **Plastik**	plastic 'plæstɪk
der **Platz**	seat (Sitzplatz), square (in einer Stadt) siːt, skweə
plötzlich	suddenly 'sʌdnlɪ
der **Po, der Popo**	bottom 'bɒtəm
der **Pokal**	cup kʌp
Polen	Poland 'pəʊlənd
die **Polizei**	police pə'liːs
der **Polizist – die Polizisten**	policeman – policemen pə'liːsmən – pə'liːsmən
die **Polizistin – die Polizistinnen**	policewoman – policewomen pə'liːswʊmən – pə'liːswɪmɪn
die **Pommes frites**	chips tʃɪps
das **Pony**	pony 'pəʊnɪ

das **Popcorn**		popcorn	'pɒpkɔːn
die **Popmusik, der Pop**		pop	pɒp
das **Portemonnaie/ Portmonee**		purse	pɜːs
Portugal		Portugal	'pɔːtjʊgl
die **Post**		post	pəʊst
das **Postamt**		post office	'pəʊst ɒfɪs
das **Poster**		poster	'pəʊstə
die **Postkarte**		postcard	'pəʊstkaːd
der **Preis**		price (Geld), prize (Spielgewinn)	praɪs, praɪz
der **Prinz**		prince	prɪns
die **Prinzessin**		princess	'prɪnses
das **Problem**		problem	'prɒbləm
das **Programm**		programme (TV), program (Computer)	'prəʊgræm
die **Prüfung**		examination, exam	ɪgzæmɪ'neɪʃn, ɪg'zæm
der **Pudding**		pudding	'pʊdɪŋ
der **Pullover**		jumper, sweater, pullover	'dʒʌmpə, 'swetə, 'pʊləʊvə
das **Pult**		desk	desk
der **Punkt**		point	pɔɪnt
die **Puppe**		doll	dɒl
putzen	to	clean	kliːn
das **Puzzle**		jigsaw puzzle	'dʒɪgsɔː pʌzl

das	**Quadrat**		square	skweə
	quadratisch		square	skweə
das	**Quiz**		quiz	kwɪz
das	**Rad**		wheel, bike (Fahrrad)	wiːl, baɪk
der	**Radiergummi**		rubber	'rʌbə
das	**Radio**		radio	'reɪdɪəʊ
die	**Rakete**		rocket	'rɒkɪt
die	**Ranch**		ranch	rɑːntʃ
der	**Rand**		edge	edʒ
der	**Ranzen**		schoolbag	'skuːlbæg
	rasieren	to	shave	ʃeɪv
	raten	to	guess	ges
das	**Rathaus**		town hall	taʊn 'hɔːl
das	**Rätsel**		puzzle	'pʌzl
die	**Ratte**		rat	ræt
der	**Rauch**		smoke	sməʊk
der	**Raum**		space, room	speɪs, ruːm
die	**Raumfähre**		space shuttle	'speɪs ʃʌtl
	rechnen	to	work out, to calculate	wɜːk 'aʊt, 'kælkjʊleɪt
das	**Rechteck**		rectangle	'rektæŋgl
	rechts		right	raɪt
das	**Regal – die Regale**		shelf – shelves	ʃelf – ʃelvz
die	**Regel**		rule	ruːl
der	**Regen**		rain	reɪn
der	**Regenbogen**		rainbow	'reɪnbəʊ
der	**Regenschauer**		shower	'ʃaʊə
der	**Regenschirm**		umbrella	ʌm'brelə

regnen	to rain	reɪn
das **Reh – die Rehe**	deer – deer	dɪə – dɪə
reich	rich	rɪtʃ
reif	ripe	raɪp
der **Reifen**	tyre	'taɪə
die **Reihe**	row	rəʊ
der **Reim**	rhyme	raɪm
rein	clear, pure	klɪə, pjʊə
der **Reis**	rice	raɪs
die **Reise**	journey, tour	'dʒɜːnɪ, tʊə
reisen	to travel	'trævl
der **Reisepass**	passport	'pɑːspɔːt
der **Reißverschluss**	zip	zɪp
reiten	to ride – rode – ridden	raɪd – rəʊd – 'rɪdn
rennen	to run – ran – run	rʌn – ræn – rʌn
das **Rennen**	race	reɪs
das **Rentier**	reindeer	'reɪndɪə
reparieren	to repair	rɪ'peə
der **Rest**	rest	rest
das **Restaurant**	restaurant	'restərɒnt
retten	to rescue, to save	'reskjuː, seɪv
richtig	right	raɪt
die **Richtung**	direction	dɪ'rekʃn
in Richtung	toward, towards	
riechen	to smell – smelt – smelt	smel – smelt – smelt
der **Riese**	giant	'dʒaɪənt
das **Rind, das Rindfleisch**	beef	biːf
der **Ring**	ring	rɪŋ
der **Ritter**	knight	naɪt
der **Roboter**	robot	'rəʊbɒt
der **Rock**	skirt	skɜːt
rollen	to roll	rəʊl
der **Roller**	scooter	'skuːtə
der **Rollerskate, der Rollschuh**	roller skate	'rəʊlə skeɪt

die	**Rolltreppe**	escalator 'eskəleɪtə
	rosa	pink pɪŋk
die	**Rose**	rose rəʊz
	rot	red red
die	**Route**	route ruːt
die	**Routine**	routine ruː'tiːn
der	**Rücken**	back bæk
der	**Rucksack**	rucksack 'rʌksæk
der	**Rücksitz**	backseat bæk'siːt
	rufen	to call kɔːl
das	**Rugby**	rugby 'rʌgbɪ
	ruhig	quiet 'kwaɪət
	Rumänien	Romania rəʊ'meɪnɪə
	rund	round raʊnd
die	**Runde**	round raʊnd
die	**Rushhour**	rush hour 'rʌʃ aʊə
	Russland	Russia 'rʌʃə
die	**Rutsche**	slide slaɪd

die	**Sache**	thing θɪŋ
der	**Saft**	juice dʒuːs
	sagen	to say – said – said, to tell – told – told seɪ – sed – sed, tel – təʊld – təʊld
die	**Sahne**	cream kriːm
der	**Salat**	lettuce (Kopfsalat), salad (zubereitet) 'letɪs, 'sæləd
das	**Salz**	salt sɔːlt

	salzig	salty 'sɔːltɪ
	sammeln	to collect kə'lekt
der	**Samstag**	Saturday 'sætədeɪ
der	**Sand**	sand sænd
die	**Sandale**	sandal 'sændl
der	**Sandkasten**	sandpit 'sændpɪt
das	**Sandwich**	sandwich 'sænwɪdʒ
der	**Sattel**	saddle 'sædl
	sauber	clean kliːn
	sauer	sour (Geschmack) 'saʊə
	scannen	to scan skæn
der	**Scanner**	scanner 'skænə
die	**Schachtel**	box bɒks
das	**Schaf – die Schafe**	sheep – sheep ʃiːp – ʃiːp
der	**Schal – die Schals**	scarf – scarves skaːf – skaːvz
	schälen	to peel piːl
der	**Schalter**	switch swɪtʃ
	scharf	sharp, hot (Gewürz) ʃaːp, hɒt
der	**Schatten**	shadow 'ʃædəʊ
der	**Schatz**	treasure 'treʒə
	schauen	to look lʊk
die	**Schaukel**	swing swɪŋ
	schaukeln	to rock rɒk
	scheinen	to shine – shone – shone (leuchten), to seem (wirken) ʃaɪn – ʃɒn – ʃɒn, siːm
die	**Schere**	scissors 'sɪzəz
der	**Scherz**	joke dʒəʊk
der	**Schi**	ski skiː
	schick	smart smaːt
	schicken	to send – sent – sent send – sent – sent
	schießen	to shoot – shot – shot ʃuːt – ʃɒt – ʃɒt
das	**Schiff**	ship ʃɪp
das	**Schild**	sign saɪn
der	**Schinken**	ham hæm

der	**Schlafanzug**		pyjamas pɪ'dʒɑːməz
	schlafen	to	sleep – slept – slept sliːp – slept – slept
	schlafen gehen		to go to bed
das	**Schlafzimmer**		bedroom 'bedruːm
	schlagen	to	hit – hit – hit, to strike – struck – struck hɪt – hɪt – hɪt, straɪk – strʌk – strʌk
die	**Schlange**		snake (Tier), queue (Reihe) sneɪk, kjuː
	schlecht – schlechter – am schlechtesten		bad – worse – worst bæd – wɜːs – wɜːst
	schließen	to	close, to shut – shut – shut kləʊz, ʃʌt – ʃʌt – ʃʌt
der	**Schlitten**		sledge sledʒ
der	**Schlittschuh**		ice skate, skate 'aɪs skeɪt, skeɪt
das	**Schloss**		castle (Burg) 'kɑːsl
	schlucken	to	swallow 'swɒləʊ
der	**Schlüssel**		key kiː
	schmal		small, thin smɔːl, θɪn
	schmecken	to	taste teɪst
der	**Schmerz**		ache, pain eɪk, peɪn
der	**Schmetterling**		butterfly 'bʌtəflaɪ
der	**Schmuck**		jewellery 'dʒuːəlrɪ
	schmücken	to	decorate 'dekəreɪt
	schmutzig		dirty 'dɜːtɪ
die	**Schnecke**		snail sneɪl

der	**Schnee**		snow snəʊ
	schneiden	to	cut – cut – cut kʌt – kʌt – kʌt
	schneien	to	snow snəʊ
	schnell		fast, quick fɑːst, kwɪk
die	**Schnur**		string strɪŋ
die	**Schokolade**		chocolate 'tʃɒklət
	schon		already ɔːl'redɪ
	schön		beautiful, nice 'bjuːtɪfl, naɪs
der	**Schornstein**		chimney 'tʃɪmnɪ
	Schottland		Scotland 'skɒtlənd
der	**Schrank**		cupboard 'kʌbəd
	schrecklich		terrible 'terɪbl
	schreiben	to	write – wrote – written raɪt – rəʊt – 'rɪtn
der	**Schreibtisch**		desk desk
	schreien	to	scream, to shout skriːm, ʃaʊt
der	**Schritt**		step step
die	**Schublade**		drawer drɔː
	schubsen	to	push pʊʃ
	schüchtern		shy ʃaɪ
der	**Schuh**		shoe ʃuː
die	**Schule**		school skuːl
der	**Schüler, die Schülerin**		pupil 'pjuːpɪl
die	**Schulferien**		holidays 'hɒlɪdeɪz
das	**Schulheft**		exercise book 'eksəsaɪz bʊk
der	**Schulhof**		playground 'pleɪgraʊnd
die	**Schultasche**		schoolbag 'skuːlbæg

die	**Schulter**		shoulder ˈʃəʊldə
die	**Schüssel**		bowl, dish bəʊl, dɪʃ
	schütten	to	pour pɔː
der	**Schwamm**		sponge spʌndʒ
der	**Schwanz**		tail teɪl
	schwarz		black blæk
das	**Schwein**		pig pɪg
das	**Schweinefleisch**		pork pɔːk
die	**Schweiz**		Switzerland ˈswɪtsələnd
	schweizerisch		Swiss swɪs
	schwer		difficult (schwierig), heavy (Gewicht) ˈdɪfɪkəlt, ˈhevɪ
die	**Schwester**		sister ˈsɪstə
	schwierig		difficult ˈdɪfɪkəlt
das	**Schwimmbad**		swimming pool ˈswɪmɪŋ puːl
	schwimmen	to	swim – swam – swum swɪm – swæm – swʌm
	schwitzen	to	sweat swet
die	**Science-Fiction**		science fiction saɪəns ˈfɪkʃn
	sechs		six sɪks
	sechste, der/die/das Sechste		sixth sɪksθ
	sechzehn		sixteen sɪksˈtiːn
	sechzig		sixty ˈsɪkstɪ
	Secondhand-		second-hand ˈsekənd hænd
	der Secondhandshop		second-hand shop
der	**See**		lake leɪk
	segeln	to	sail seɪl
	sehen	to	see – saw – seen, to look siː – sɔː – siːn, lʊk
die	**Sehenswürdigkeit**		sight saɪt
	sehr		very ˈverɪ
	seid		are ɑː → to be
	ihr seid		you are (you're)
die	**Seife**		soap səʊp
das	**Seil**		rope rəʊp
das	**Seilspringen**		skipping ˈskɪpɪŋ

	sein	to	be – was/were – been	biː – wɒz/wɜː – biːn
	sein/seine		his, its	hɪz, ɪts
	seit		since	sɪns
die	**Seite**		side, page (Buch)	saɪd, peɪdʒ
der	**Sekretär, die Sekretärin**		secretary	'sekrətərɪ
die	**Sekunde**		second	'sekənd
	seltsam		strange	streɪndʒ
	senden	to	send – sent – sent	send – sent – sent
der	**September**		September	sep'tembə
der	**Service**		service	'sɜːvɪs
	servieren	to	serve	sɜːv
die	**Serviette**		serviette	sɜːvɪ'et
der	**Sessel**		armchair	'ɑːmtʃeə
das	**Shampoo**		shampoo	ʃæm'puː
die	**Shorts**		shorts	ʃɔːts
die	**Show**		show	ʃəʊ
	sicher		safe (außer Gefahr), certain (bestimmt), sure (gewiss)	seɪf, 'sɜːtn, ʃʊə
die	**Sicherheit**		safety	'seɪftɪ
der	**Sicherheitsgurt**		seat belt	'siːt belt

safety

	sie	she, it, they ʃiː, ɪt, ðeɪ
	sieben	seven ˈsevn
	siebte, der/die/ das Siebte/Siebente	seventh ˈsevnθ
	siebzehn	seventeen sevnˈtiːn
	siebzig	seventy ˈsevntɪ
der	**Sieger, die Siegerin**	winner ˈwɪnə
das	**Signal**	signal ˈsɪgnl
das	**Silber**	silver ˈsɪlvə
das	**Silvester**	New Year's Eve njuː jɪəz ˈiːv
	sind	are ɑː → to be
	wir sind, sie sind	we are (we're), they are (they're)
	singen	to sing – sang – sung sɪŋ – sæŋ – sʌŋ
der	**Sinn**	sense sens
der	**Sitz**	seat siːt
	sitzen	to sit – sat – sat sɪt – sæt – sæt
das	**Skateboard**	skateboard ˈskeɪtbɔːd
der	**Ski**	ski skiː
	smart	smart smɑːt
der	**Snack**	snack snæk
das	**Snowboard**	snowboard ˈsnəʊbɔːd
	so	so səʊ
	so ... wie	as ... as æz ... æz
	so groß wie	as tall as
die	**Socke**	sock sɒk
das	**Sofa**	sofa ˈsəʊfə
die	**Software**	software ˈsɒftweə
	sogar	even ˈiːvn
der	**Sohn**	son sʌn
	solch	such sʌtʃ
	sollen	shall – should ʃæl – ʃʊd
der	**Sommer**	summer ˈsʌmə
	sondern	but bʌt
der	**Sonnabend**	Saturday ˈsætədeɪ
die	**Sonne**	sun sʌn

a b c d e f g h i j k l m n o p q r s t u v w x y z

souvenir

die	**Sonnenbrille**		sunglasses	'sʌnglɑːsɪz
der	**Sonnenschein**		sunshine	'sʌnʃaɪn
	sonnig		sunny	'sʌnɪ
der	**Sonntag**		Sunday	'sʌndeɪ
	sonst (noch)		else	els
	Sonst noch etwas?		Anything else?	
sich	**Sorgen machen**	to	worry	'wʌrɪ
	sorgfältig		careful, carefully	'keəfl, 'keəfəlɪ
	sortieren	to	sort	sɔːt
die	**Soße**		sauce, dressing (Salat)	sɔːs, 'dresɪŋ
das	**Souvenir**		souvenir	suːvə'nɪə
der	**Spaceshuttle**		space shuttle	'speɪs ʃʌtl
die	**Spaghetti/Spagetti**		spaghetti	spə'getɪ
	Spanien		Spain	speɪn
	sparen	to	save	seɪv
der	**Spaß**		fun	fʌn
	spät		late	leɪt
	spazieren gehen	to	go for a walk → to go	gəʊ fər ə wɔːk
der	**Speck**		bacon	'beɪkn
die	**Speisekarte**		menu	'menjuː
der	**Spiegel**		mirror	'mɪrə
das	**Spiel**		game (Gesellschaftsspiel, Wettspiel), match (Sport)	geɪm, mætʃ

vacuum cleaner

	spielen	to	play pleɪ
der	**Spieler, die Spielerin**		player 'pleɪə
das	**Spielfeld**		court (Tennis, Squash) kɔːt
der	**Spielplatz**		playground 'pleɪgraʊnd
der	**Spielstand**		score skɔː
das	**Spielzeug**		toy tɔɪ
die	**Spinne**		spider 'spaɪdə
	spitz		sharp ʃɑːp
die	**Spitze**		tip (Finger), top (Gebäude, Berg) tɪp, tɒp
	spitzen	to	sharpen 'ʃɑːpn
der	**Spitzer**		pencil sharpener, sharpener 'pensɪl ʃɑːpnə, 'ʃɑːpnə
die	**Sporthose**		shorts ʃɔːts
die	**Sprache**		language 'læŋgwɪdʒ
das	**Spray**		spray spreɪ
	sprechen	to	speak – spoke – spoken, to talk spiːk – spəʊk – 'spəʊkn, tɔːk
	springen	to	jump dʒʌmp
das	**Springseil**		skipping rope 'skɪpɪŋ rəʊp
	sprühen	to	spray spreɪ
das	**Spülbecken, die Spüle**		sink sɪŋk

das	**Squash**	squash skwɒʃ
die	**Stadt**	town, city (große Stadt) taʊn, ˈsɪtɪ
	stampfen	to stamp stæmp
der	**Star**	star (Person) stɑː
	stark	strong, powerful strɒŋ, ˈpaʊəfl
die	**Station**	station ˈsteɪʃn
der	**Stau**	traffic jam ˈtræfɪk dʒæm
der	**Staubsauger**	vacuum cleaner ˈvækjʊəm kliːnə
	stecken	to stick – stuck – stuck stɪk – stʌk – stʌk
die	**Stecknadel**	pin pɪn
	stehen	to stand – stood – stood stænd – stʊd – stʊd
	stehlen	to steal – stole – stolen stiːl – stəʊl – ˈstəʊln
der	**Stein**	stone stəʊn
	stellen	to put – put – put, to set – set – set pʊt – pʊt – pʊt, set – set – set
	stempeln	to stamp stæmp
	sterben	to die daɪ
die	**Stereoanlage**	stereo ˈsterɪəʊ
der	**Stern**	star stɑː
der	**Steward**	steward ˈstjuːəd
die	**Stewardess**	stewardess ˈstjuːədɪs
der	**Sticker**	sticker ˈstɪkə
der	**Stiefel**	boot buːt
der	**Stift**	pen pen
	still	quiet ˈkwaɪət
die	**Stimme**	voice vɔɪs
	stoßen	to push pʊʃ
der	**Strand**	beach biːtʃ
die	**Straße**	road, street rəʊd, striːt
die	**Straßenbahn**	tram træm
	strecken	to stretch stretʃ

	streichen	to	cancel (absagen), to paint (anstreichen) 'kænsl, peɪnt
das	**Streichholz**		match mætʃ
der	**Streifen**		stripe straɪp
sich	**streiten**	to	argue 'ɑːgjuː
	streng		strict strɪkt
der	**Stress**		stress stres
der	**Strich**		line laɪn
der	**Strumpf**		sock, stocking sɒk, 'stɒkɪŋ
das	**Stück**		bit, piece bɪt, piːs
der	**Student, die Studentin**		student 'stjuːdənt
	studieren	to	study 'stʌdɪ
die	**Stufe**		step, stair step, steə
der	**Stuhl**		chair tʃeə
die	**Stunde**		hour (Zeit), lesson (Unterrichtsstunde) 'aʊə, 'lesn
der	**Stundenplan**		timetable 'taɪmteɪbl
der	**Sturm**		storm stɔːm
	stürmisch		stormy 'stɔːmɪ
sich	**stylen**	to	dress up dres 'ʌp
	subtrahieren	to	subtract səb'trækt
	suchen	to	look for lʊk fə
der	**Süden**		south saʊθ
	super		super 'suːpə
der	**Supermarkt**		supermarket 'suːpəmaːkɪt
die	**Suppe**		soup suːp
	surfen	to	surf sɜːf
das	**Surfbrett**		surfboard 'sɜːfbɔːd
	süß		sweet swiːt
die	**Süßigkeiten**		sweets swiːts
das	**Sweatshirt**		sweatshirt 'swetʃɜːt

die	**Tafel**	blackboard	'blækbɔːd
der	**Tag**	day	deɪ
das	**Tagebuch**	diary	'daɪərɪ
	täglich	daily	'deɪlɪ
die	**Talkshow**	chat show	'tʃæt ʃəʊ
die	**Tankstelle**	petrol station	'petrl steɪʃn
die	**Tante**	aunt	ɑːnt
	tanzen	to dance	dɑːns
die	**Tapete**	wallpaper	'wɔːlpeɪpə
die	**Tasche**	bag, pocket (Kleidung)	bæg, 'pɒkɪt
das	**Taschengeld**	pocket money	'pɒkɪt mʌnɪ
der	**Taschenrechner**	calculator	'kælkjʊleɪtə
das	**Taschentuch**	handkerchief	'hæŋkətʃɪf
die	**Tasse**	cup	kʌp
die	**Tastatur**	keyboard	'kiːbɔːd
die	**Tätigkeit**	activity	æk'tɪvɪtɪ
die	**Tätowierung**	tattoo	tə'tuː
die	**Tatsache**	fact	fækt
der	**Tattoo, das Tattoo**	tattoo	tə'tuː
	tausend	thousand	'θaʊznd
das	**Taxi**	taxi	'tæksɪ
das	**Team**	team	tiːm
der	**Teddybär**	teddy bear	'tedɪbeə
der	**Tee**	tea	tiː
der	**Teenager**	teenager	'tiːneɪdʒə
der	**Teich**	pond	pɒnd
der	**Teig**	dough, pastry	dəʊ, 'peɪstrɪ
der	**Teil, das Teil**	part, share	pɑːt, ʃeə

a b c d e f g h i j k l m n o p q r s t u v w x y z

	teilen	to	divide (auf-, einteilen, dividieren), to share (Anteil haben) dɪ'vaɪd, ʃeə
das	**Telefon**		phone, telephone fəʊn, 'telɪfəʊn
die	**Telefonzelle**		call box, telephone box 'kɔːl bɒks, 'telɪfəʊn bɒks
der	**Teller**		plate pleɪt
die	**Temperatur**		temperature 'temprɪtʃə
das	**Tennis**		tennis 'tenɪs
der	**Tennisschläger**		racket 'rækɪt
der	**Teppich**		carpet 'kaːpɪt
der	**Test**		test test
	teuer		expensive ɪk'spensɪv
der	**Teufel**		devil 'devl
der	**Text**		text tekst
das	**Theater**		theatre 'θɪətə
das	**Thema**		subject 'sʌbdʒɪkt
das	**Thermometer**		thermometer θə'mɒmɪtə
das	**Ticket**		ticket 'tɪkɪt
	tief		deep diːp
das	**Tier**		animal 'ænɪməl
der	**Tierarzt, die Tierärztin**		vet vet

vet

der	**Tiger**		tiger 'taɪgə
die	**Tinte**		ink ɪŋk
der	**Tipp**		tip tɪp
	tippen	to	type (Computer) taɪp
der	**Tisch**		table 'teɪbl
der	**Toast**		toast təʊst
die	**Tochter**		daughter 'dɔːtə
der	**Tod**		death deθ
die	**Toilette**		toilet 'tɔɪlɪt
	toll		super, terrific, great 'suːpə, tə'rɪfɪk, greɪt
die	**Tomate**		tomato tə'mɑːtəʊ
der	**Topf**		pot pɒt
das	**Tor**		gate, goal (Fußball) geɪt, gəʊl
der	**Torwart**		goal-keeper 'gəʊlkiːpə
	tot		dead ded
	töten	to	kill kɪl
die	**Tour**		tour tʊə
der	**Tourist, die Touristin**		tourist 'tʊərɪst
	tragen	to	carry, to wear – wore – worn (Kleidung) 'kærɪ, weə – wɔː – wɔːn
der	**Trainer, die Trainerin**		trainer, coach 'treɪnə, kəʊtʃ
	trainieren	to	train, to practise treɪn, 'præktɪs
das	**Training**		training, exercise 'treɪnɪŋ, 'eksəsaɪz
der	**Traktor**		tractor 'træktə
die	**Träne**		tear tɪə
der	**Transport**		transport 'trænspɔːt
	transportieren	to	transport træn'spɔːt
die	**Traube**		grape greɪp
der	**Traum**		dream driːm
	träumen	to	dream – dreamt – dreamt driːm – dremt – dremt
	traurig		sad sæd
das	**Treffen**		meeting 'miːtɪŋ

	treffen	to meet – met – met (begegnen), to strike – struck – struck (schlagen) miːt – met – met, straɪk – strʌk – strʌk
die	**Treppe**	stairs steəz
	treten	to kick kɪk
der	**Trick**	trick trɪk
	trinken	to drink – drank – drunk drɪŋk – dræŋk – drʌŋk
die	**Trinkschokolade**	drinking chocolate 'drɪŋkɪŋ tʃɒklət
	trocken	dry draɪ
die	**Trommel**	drum drʌm
die	**Trompete**	trumpet 'trʌmpɪt
der	**Tropfen**	drop drɒp
der	**Truthahn**	turkey 'tɜːkɪ
	Tschechien	Czech Republic tʃek rɪ'pʌblɪk
	tschüs, tschüss	bye, bye-bye baɪ, baɪ'baɪ
das	**T-Shirt**	T-shirt 'tiːʃɜːt
das	**Tuch – die Tücher**	scarf – scarves (Halstuch) skaːf – skaːvz
	tun	to do – did – done duː – dɪd – dʌn
der	**Tunnel**	tunnel 'tʌnl
die	**Tür**	door dɔː
die	**Türkei**	Turkey 'tɜːkɪ
der	**Turm**	tower 'taʊə
das	**Turnen**	gymnastics, gym dʒɪm'næstɪks, dʒɪm
die	**Turnhalle**	gymnasium, gym dʒɪm'neɪzɪəm, dʒɪm
die	**Turnschuhe**	trainers 'treɪnəz
die	**Tüte**	bag bæg

die	**U-Bahn**		underground 'ʌndəgraʊnd
	üben	to	practise, to train 'præktɪs, treɪn
	über		above, across, over ə'bʌv, ə'krɒs, 'əʊvə
	über den Wolken		above the clouds
	über die Straße		across the street
	über den Zaun		over the fence
	überall		everywhere 'evrɪweə
	überprüfen	to	check, to test tʃek, test
	überqueren	to	cross krɒs
die	**Überraschung**		surprise sə'praɪz
	übersetzen	to	translate træns'leɪt
die	**Übung**		exercise 'eksəsaɪz
die	**Uhr**		watch (Armbanduhr), clock wɒtʃ, klɒk
	drei Uhr		3 o'clock
die	**Ukraine**		Ukraine juː'kreɪn
	um		at æt
	um 2 Uhr		at two o'clock
	um ... herum		about, round, around ə'baʊt, raʊnd, ə'raʊnd
	um 11 Uhr herum (gegen 11 Uhr)		about 11 o'clock
	um den See herum		around/round the lake
	umschalten	to	switch swɪtʃ
	umziehen	to	move (Wohnung wechseln), to change (Kleider) muːv, 'tʃeɪndʒ
	und		and ænd
der	**Unfall**		accident 'æksɪdənt
	ungefähr		about ə'baʊt
das	**Ungeheuer**		monster 'mɒnstə

a b c d e f g h i j k l m n o p q r s t u v w x y z

die	**Uniform**		uniform	'juːnɪfɔːm
die	**Universität**		university	juːnɪ'vɜːsɪtɪ
	unmöglich		impossible	ɪm'pɒsɪbl
	unordentlich		messy, untidy	'mesɪ, ʌn'taɪdɪ
die	**Unordnung**		mess	mes
	uns		us	ʌs
	unser/unsere		our	'aʊə
	unten		below, downstairs (im Haus)	bɪ'ləʊ, daʊn'steəz
	unter		under	'ʌndə
das	**Unterhemd**		vest	vest
die	**Unterhose**		pants	pænts
	unterrichten	to	teach – taught – taught	tiːtʃ – tɔːt – tɔːt
der	**Unterschied**		difference	'dɪfərəns
	unterstreichen	to	underline	ʌndə'laɪn
	untersuchen	to	examine	ɪg'zæmɪn
die	**Untersuchung**		examination	ɪgzæmɪ'neɪʃn
der	**Urlaub**		holidays	'hɒlɪdeɪz
der	**Urwald**		jungle	'dʒʌŋgl

der	**Valentinstag**		St. Valentine's Day	sənt 'væləntaɪnz deɪ
der	**Vater**		father	'fɑːðə
die	**Verabredung**		date	deɪt
	verändern	to	change	'tʃeɪndʒ
	verärgert		angry, upset	'æŋgrɪ, ʌp'set
	verbessern	to	correct (korrigieren)	kə'rekt
die	**Verbindung**		link	lɪŋk

	verbrennen	to	burn – burnt – burnt bɜːn – bɜːnt – bɜːnt
	verbringen	to	spend – spent – spent spend – spent – spent
	verdienen	to	earn ɜːn
	verdoppeln	to	double ˈdʌbl
das	**Vereinigte Königreich (Großbritannien und Nordirland)**		United Kingdom juːnaɪtɪd ˈkɪŋdəm
die	**Vereinigten Staaten von Amerika**		United States of America juːnaɪtɪd steɪts əv əˈmerɪkə
	vergessen	to	forget – forgot – forgotten fəˈget – fəˈgɒt – fəˈgɒtn
	vergleichen	to	compare kəmˈpeə
	verheiratet		married ˈmærɪd
der	**Verkauf**		sale seɪl
	verkaufen	to	sell – sold – sold sel – səʊld – səʊld
der	**Verkehr**		traffic ˈtræfɪk
der	**Verkehrsstau**		traffic jam ˈtræfɪk dʒæm
	verkehrt herum		upside down ʌpsaɪd ˈdaʊn
	verlassen	to	leave – left – left liːv – left – left
	verletzen	to	hurt – hurt – hurt hɜːt – hɜːt – hɜːt
	verlieren	to	lose – lost – lost luːz – lɒst – lɒst
	vermissen	to	miss mɪs
	verrückt		crazy, mad ˈkreɪzɪ, mæd
	verschieden		different ˈdɪfərənt
	verstecken	to	hide – hid – hidden haɪd – hɪd – ˈhɪdn
	verstehen	to	understand – understood – understood ʌndəˈstænd – ʌndəˈstʊd – ʌndəˈstʊd
	versuchen	to	try traɪ
	vertrauen	to	trust trʌst

der	**Verwandte, die Verwandte**		relative 'relətɪv
das	**Video**		video 'vɪdɪəʊ
der	**Videorekorder**		video 'vɪdɪəʊ
	viel/viele – mehr – am meisten		much/many – more – most, a lot of mʌtʃ/'menɪ – mɔː – məʊst, ə lɒt əv
	vielleicht		maybe, perhaps 'meɪbiː, pə'hæps
	vier		four fɔː
	vierte, der/die/das Vierte		fourth fɔːθ
das	**Viertel**		quarter 'kwɔːtə
	Viertel nach zwei		a quarter past two
	Viertel vor drei		a quarter to three
	vierzehn		fourteen fɔː'tiːn
	vierzig		forty 'fɔːtɪ
	Vietnam		Vietnam vɪet'næm
der	**Vogel**		bird bɜːd
	voll		full fʊl
der	**Volleyball**		volleyball 'vɒlɪbɔːl
	von		from, of, by frɒm, əv, baɪ
	von Mannheim nach London		from Mannheim to London
	einer/eine von uns		one of us
	ein Buch von Astrid Lindgren		a book by Astrid Lindgren
	von ... weg		off ɒf
	von der Straße (weg)		off the road
	vor		in front of, ago, before ɪn frʌnt əv, ə'gəʊ, bɪ'fɔː
	vor dem Haus		in front of the house
	vor zwei Tagen		two days ago
	vor Weihnachten		before Christmas
	vorbei		over 'əʊvə
	die Ferien sind vorbei		the holidays are over
	vorbeigehen	to	pass pɑːs

	vorbereiten	to	prepare prɪ'peə
der	**Vorhang**		curtain 'kɜːtən
der	**Vormittag**		morning 'mɔːnɪŋ
	vormittags (Uhrzeit)		a.m. eɪ'em
	10 Uhr		10 a.m.
	vorne		in front ɪn frʌnt
	vorsichtig		careful, carefully 'keəfl, 'keəfəlɪ
sich	**vorstellen**	to	imagine (in Gedanken) ɪ'mædʒɪn
die	**Vorstellung**		show ʃəʊ
	vorwärts		forward, forwards 'fɔːwəd, 'fɔːwədz
	vorziehen	to	prefer (lieber mögen) prɪ'fɜː

	wach sein	to be	awake ə'weɪk
	wachsen	to	grow – grew – grown grəʊ – gruː – grəʊn
der	**Wachsmalstift**		crayon 'kreɪən
die	**Wahl**		choice tʃɔɪs
	wählen	to	choose – chose – chosen, to dial (Telefon) tʃuːz – tʃəʊz – 'tʃəʊzn, 'daɪəl
	wahr		true truː
	während		during 'djʊərɪŋ
die	**Wahrheit**		truth truːθ
der	**Wald**		forest, wood 'fɒrɪst, wʊd
der	**Walkman**		walkman 'wɔːkmən
die	**Wand**		wall wɔːl

to cry

	wandern gehen	to	go hiking gəʊ 'haɪkɪŋ → to go
die	**Wange**		cheek tʃiːk
	wann		when wen
	war		was wɒz → to be
	ich war, er/sie/es war		I was, he/she/it was
	waren		were wɜː → to be
	wir waren, sie waren		we were, they were
	warm		warm wɔːm
	warst		were wɜː → to be
	du warst		you were
	wart		were wɜː → to be
	ihr wart		you were
	warten	to	wait weɪt
	warum		why waɪ
	was		what wɒt
das	**Waschbecken**		washbasin 'wɒʃbeɪsn
	waschen	to	wash wɒʃ
die	**Waschmaschine**		washing machine 'wɒʃɪŋ məʃiːn
das	**Wasser**		water 'wɔːtə
der	**Wasserhahn**		tap tæp
das	**WC**		WC (water closet) dʌbljuː'siː
die	**Webseite**		web site 'web saɪt

	wechseln	to change ˈtʃeɪndʒ
	wecken	to wake – woke – woken weɪk – wəʊk – ˈwəʊkn
der	**Wecker**	alarm clock əˈlɑːm klɒk
	weg	away, off əˈweɪ, ɒf
der	**Weg**	way, route, path weɪ, ruːt, pɑːθ
	weglaufen	to run away rʌn əˈweɪ → to run
	wegwerfen	to throw away θrəʊ əˈweɪ → to throw
	wehen	to blow – blew – blown bləʊ – bluː – bləʊn
	wehtun	to hurt – hurt – hurt hɜːt – hɜːt – hɜːt
	weich	soft sɒft
das	**Weihnachten**	Christmas ˈkrɪsməs
der	**Weihnachtsmann**	Father Christmas fɑːðə ˈkrɪsməs
	weil	because bɪˈkɒz
der	**Wein**	wine waɪn
	weinen	to cry kraɪ
die	**Weintraube**	grape greɪp
	weiß	white waɪt
	Weißrussland	White Russia waɪt ˈrʌʃə
	weit	wide waɪd
	weit – weiter – am weitesten	far – farther – farthest fɑː – ˈfɑːðə – ˈfɑːðəst
die	**weiterführende Schule**	secondary school ˈsekəndərɪ skuːl
	weitermachen	to continue kənˈtɪnjuː
der	**Weizen**	wheat wiːt
	welcher/welche/ welches	which wɪtʃ
die	**Welle**	wave weɪv
der	**Wellensittich**	budgie ˈbʌdʒɪ
die	**Welt**	world wɜːld
der	**Weltraum**	space speɪs

a b c d e f g h i j k l m n o p q r s t u v w x y z

	wenig – weniger – am wenigsten		little – less – least	'lɪtl – les – liːst
	wenige		few	fjuː
	wenn		if, when	ɪf, wen
	wer		who	huː
	werfen	to	throw – threw – thrown	θrəʊ – θruː – θrəʊn
das	**Werkzeug**		tool	tuːl
	wessen		whose	huːz
der	**Westen**		west	west
das	**Wetter**		weather	'weðə
	wichtig		important	ɪm'pɔːtənt
	wie		how, like, as … as	haʊ, laɪk, æz … æz
	Wie geht es dir?		How are you?	
	Wie viel …?		How much …?	
	Wie viele …?		How many …?	
	weinen wie ein Baby		to cry like a baby	
	so groß wie		as tall as	
	wieder		again	ə'gen
	wiederholen	to	repeat	rɪ'piːt
die	**Wiese**		meadow	'medəʊ
	wild		wild	waɪld
	willkommen		welcome	'welkəm
der	**Wind**		wind	wɪnd

	windig	windy	'wɪndɪ
	winken	to wave	weɪv
der	**Winter**	winter	'wɪntə
	winzig	tiny	'taɪnɪ
die	**Wippe**	see-saw	'siː sɔː
	wir	we	wiː
	wirklich	real, really	rɪəl, 'rɪəlɪ
	wissen	to know – knew – known	nəʊ – njuː – nəʊn
der	**Witz**	joke	dʒəʊk
	wo	where	weə
die	**Woche**	week	wiːk
das	**Wochenende**	weekend	wiːk'end
	wohnen	to live	lɪv
die	**Wohnung**	flat	flæt
das	**Wohnzimmer**	living room	'lɪvɪŋ ruːm
der	**Wolf – die Wölfe**	wolf – wolves	wʊlf – wʊlvz
die	**Wolke**	cloud	klaʊd
der	**Wolkenkratzer**	skyscraper	'skaɪskreɪpə
	wollen	to want, will – would	wɒnt, wɪl – wʊd
das	**World Wide Web**	World Wide Web	wɜːld waɪd 'web
das	**Wort**	word	wɜːd
das	**Wörterbuch**	dictionary	'dɪkʃənərɪ
das	**Wunder**	miracle	'mɪrəkl
	wunderbar	wonderful	'wʌndəfl
der	**Wunsch**	wish	wɪʃ
	wünschen	to wish	wɪʃ
der	**Würfel – die Würfel**	dice – dice	daɪs – daɪs
der	**Wurm**	worm	wɜːm
die	**Wurst, das Würstchen**	sausage	'sɒsɪdʒ
die	**Wurzel**	root	ruːt
die	**Wüste**	desert	'dezət
	wütend	angry	'æŋgrɪ

A B C D E F G H I J K L M N O P Q R S T U V W X Y Z

die	**Zahl**		number	'nʌmbə
	zählen	to	count	kaʊnt
	zahm		tame	teɪm
der	**Zahn – die Zähne**		tooth – teeth	tuːθ – tiːθ
der	**Zahnarzt, die Zahnärztin**		dentist	'dentɪst
die	**Zahnpasta**		toothpaste	'tuːθpeɪst
der	**Zauberer**		wizard	'wɪzəd
die	**Zauberei**		magic	'mædʒɪk
der	**Zaun**		fence	fens
das	**Zebra**		zebra	'zebrə
der	**Zebrastreifen**		zebra crossing	zebrə 'krɒsɪŋ
der	**Zeh**		toe	təʊ
	zehn		ten	ten
	zehnte, der/die/das Zehnte		tenth	tenθ
das	**Zeichen**		sign, token	saɪn, 'təʊkn
der	**Zeichenblock**		sketch-pad	'sketʃ pæd
der	**Zeichentrickfilm**		cartoon	kɑː'tuːn
	zeichnen	to	draw – drew – drawn	drɔː – druː – drɔːn
die	**Zeichnung**		drawing	'drɔːɪŋ
	zeigen	to	show – showed – shown	ʃəʊ – ʃəʊd – ʃəʊn
die	**Zeit**		time	taɪm
die	**Zeitschrift**		magazine	mægə'ziːn
die	**Zeitung**		newspaper	'njuːzpeɪpə
das	**Zelt**		tent	tent
	zelten	to	camp	kæmp
der	**Zentimeter**		centimetre	'sentɪmiːtə
das	**Zentrum**		centre	'sentə

	zerreißen	to	tear – tore – torn teə – tɔː – tɔːn
die	**Ziege**		goat gəʊt
	ziehen	to	pull pʊl
das	**Ziel**		destination, finish (Sport) destɪ'neɪʃn, 'fɪnɪʃ
das	**Zimmer**		room ruːm
der	**Zirkus**		circus 'sɜːkəs
die	**Zitrone**		lemon 'lemən
der	**Zoo**		zoo zuː
	zu		to, too tə, tuː
	zur Schule		to school
	zu viel		too much
der	**Zucker**		sugar 'ʃʊgə
	zuerst		first fɜːst
der	**Zug**		train treɪn
das	**Zuhause**		home həʊm
	zu Hause		at home æt həʊm
	zuhören	to	listen 'lɪsn
	zujubeln	to	cheer tʃɪə
	zumachen	to	close kləʊz
die	**Zunge**		tongue tʌŋ
	zurück		back bæk
	zurückkommen	to	come back kʌm bæk → to come, to return rɪ'tɜːn
	zusammen		together tə'geðə
	zusammenstoßen	to	crash kræʃ
	zwanzig		twenty 'twentɪ
	zwei		two tuː
	zweimal		twice twaɪs
	zweite, der/die/das Zweite		second 'sekənd
der	**Zwerg**		dwarf dwɔːf
die	**Zwiebel**		onion 'ʌnjən
die	**Zwillinge**		twins twɪnz
	zwischen		between bɪ'twiːn
	zwölf		twelve twelv

The body

to wash

to comb one's hair

to take a bath

- to breathe
- to cry
- to feel
- to hear
- to laugh
- to see
- to sleep
- to smell
- to taste

Der Körper

fat
healthy
ill
naked
sick
thin

to brush one's teeth

to take a shower

Clothes

to dress up
to fit
to get dressed
to get undressed
to put on
to take off
to try on
to wear

Die Kleidung

itchy
long
short
tight
wide

The family

to be born
to die
to earn
to like
to live
to look like
to love
to work

butcher

factory worker

secretary

doctor

Die Familie

divorced
grown-up
married
old
young

baby
brother
child
daughter
parents
son

cook

baker

gardener

hairdresser

At home

to build
to clean
to close
to lie
to open
to sit
to tidy up

clean
comfortable
dirty
messy
tidy
untidy

At school

to ask
to calculate
to count
to draw
to explain
to learn
to play
to read
to show
to think
to write

In der Schule

In town

- to buy
- to cross
- to drive
- to go
- to pay
- to sell
- to visit
- to walk

In der Stadt

closed
left
noisy
open
right
small
tall

Food and drink

- to bake
- to choose
- to cook
- to cut
- to drink
- to eat
- to hate
- to love
- to mix
- to taste

Essen und trinken

bitter
fresh
hard
hot
salty
soft
sour
sweet

Animals

- to bark
- to crawl
- to feed
- to fly
- to hop
- to mew
- to roar
- to run
- to swim

dangerous
harmless
hungry
tame
thirsty
wild

Nature

to climb
to grow
to pick
to plant
to sing
to smell
to water

Natur

beautiful
colourful
poisonous
quiet
ripe

The year

- to blow
- to celebrate
- to decorate
- to give
- to rain
- to shine
- to snow
- to wish

fireworks

ice skates

months

flowers

calendar

St. Valentine's Day

chilly
cloudy
cold
dark
dry
icy
light
rainy
sunny
warm
wet
windy

spring

eggs

Easter

Besondere Wörter

In jeder Sprache gibt es Wörter, die besonders wichtig sind. Und es gibt Wörter, die sehr schwierig zu lernen sind. Solche wichtigen und schwierigen englischen Wörter findest du auf den nächsten Seiten. Sie stehen hier noch einmal alle zusammen, damit du sie besser trainieren kannst.

Zahlen

1	one	20	twenty
2	two	21	twenty-one
3	three	30	thirty
4	four	40	forty
5	five	50	fifty
6	six	60	sixty
7	seven	70	seventy
8	eight	80	eighty
9	nine	90	ninety
10	ten		
11	eleven	100	one hundred
12	twelve	101	one hundred and one
13	thirteen		
14	fourteen		
15	fifteen	1000	one thousand
16	sixteen	1100	one thousand one hundred
17	seventeen		
18	eighteen		
19	nineteen	1 000 000	one million

1.	1st (first)	6.	6th (sixth)
2.	2nd (second)	7.	7th (seventh)
3.	3rd (third)	8.	8th (eighth)
4.	4th (fourth)	9.	9th (ninth)
5.	5th (fifth)	10.	10th (tenth)

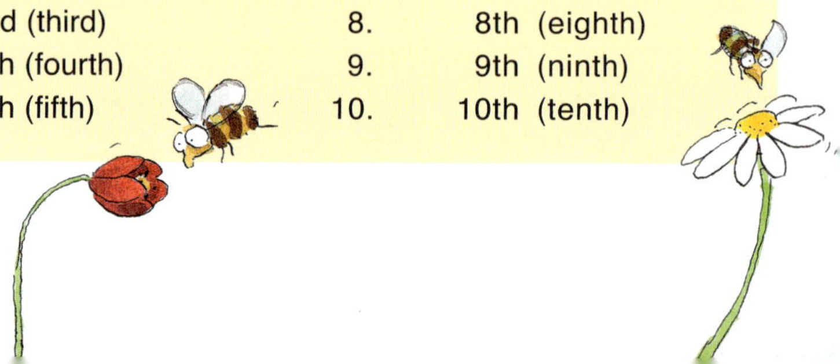

Tageszeiten

two o'clock

a quarter past two

half past two

a quarter to three

Wörter, die sagen, wo etwas ist (Verhältniswörter)

in

on

under

between

behind

in front of

outside

inside

Pronomen

Pronomen sind Wörter, die Nomen ersetzen.

Personalpronomen

ich	I	me	mich, mir
du/Sie	you	you	dich, dir/Sie, Ihnen
er/sie/es	he/she/it	him/her/it	ihn, ihm/sie, ihr/es, ihm
wir	we	us	uns
ihr/Sie	you	you	euch/Sie, Ihnen
sie	they	them	sie, ihnen

He und **she** kann für Personen oder Tiere stehen, **it** nur für Dinge.

I can see you.

Do you know him?

He likes her.

Possessivpronomen

Diese Pronomen zeigen an, wem etwas gehört.

	my	mein	
	your	dein/Ihr	
That's	his/her/its	sein/ihr	cat.
	our	unser	name.
	your	euer/Ihr	
	their	ihr	

That's my cat.

No, she's our cat.

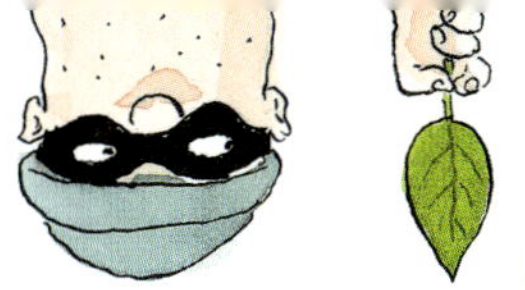

Schwierige Veränderungen bei Nomen

Die meisten Nomen haben in der Mehrzahl ein **s**, z. B. **girl – girls, boy – boys**. Bei einigen Nomen ist es nicht ganz so einfach.

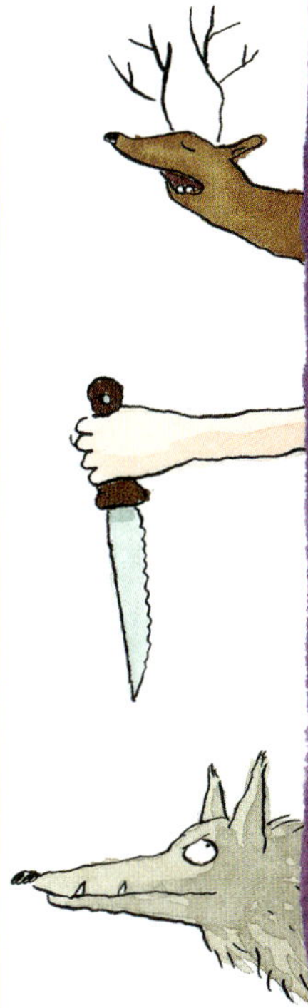

child	children	Kind
deer	deer	Hirsch
dice	dice	Würfel
fish	fish	Fisch
foot	feet	Fuß
goose	geese	Gans
half	halves	Hälfte
knife	knives	Messer
leaf	leaves	Blatt
life	lives	Leben
man	men	Mann
mouse	mice	Maus
scarf	scarves	Schal
sheep	sheep	Schaf
shelf	shelves	Regal
thief	thieves	Dieb
tooth	teeth	Zahn
wife	wives	Ehefrau
wolf	wolves	Wolf
woman	women	Frau

Schwierige Veränderungen bei Verben

Deutsche und englische Verben ändern in der Vergangenheit ihre Formen. Bei den meisten englischen Verben sieht das so aus:
ask (fragen), **I asked** (ich fragte), **I have asked** (ich habe gefragt).
Bei vielen wichtigen Verben sind die Vergangenheitsformen unregelmäßig, z. B. bei
eat (essen), **I ate** (ich aß), **I have eaten** (ich habe gegessen).

be	was, were	been	sein
have	had	had	haben
begin	began	begun	anfangen, beginnen
bite	bit	bitten	beißen
blow	blew	blown	blasen, wehen
break	broke	broken	brechen, kaputtmachen
bring	brought	brought	bringen
build	built	built	bauen
burn	burnt	burnt	brennen, verbrennen
buy	bought	bought	kaufen
catch	caught	caught	fangen
choose	chose	chosen	wählen, auswählen
come	came	come	kommen
cost	cost	cost	kosten
cut	cut	cut	schneiden
do	did	done	tun
draw	drew	drawn	zeichnen
dream	dreamt	dreamt	träumen
drink	drank	drunk	trinken
drive	drove	driven	fahren (als Fahrer)
eat	ate	eaten	essen, fressen
fall	fell	fallen	fallen
feed	fed	fed	füttern
feel	felt	felt	fühlen

fight	fought	fought	kämpfen
find	found	found	finden
fly	flew	flown	fliegen
forget	forgot	forgotten	vergessen
freeze	froze	frozen	frieren, gefrieren
get	got	got	bekommen
give	gave	given	geben
go	went	gone	gehen
grow	grew	grown	wachsen
hang	hung	hung	hängen
hear	heard	heard	hören
hide	hid	hidden	verstecken
hit	hit	hit	schlagen
hold	held	held	halten
hurt	hurt	hurt	wehtun, verletzen
keep	kept	kept	behalten, aufbewahren
know	knew	known	wissen
leave	left	left	(zurück)lassen, verlassen
let	let	let	lassen
lie	lay	lain	liegen
light	lit	lit	anzünden
lose	lost	lost	verlieren
make	made	made	machen
mean	meant	meant	bedeuten, meinen
meet	met	met	treffen
pay	paid	paid	bezahlen
put	put	put	legen, stellen
read	read	read	lesen
ride	rode	ridden	reiten, fahren
ring	rang	rung	klingeln, anrufen
rise	rose	risen	aufsteigen, aufgehen
run	ran	run	rennen, laufen
say	said	said	sagen
see	saw	seen	sehen
sell	sold	sold	verkaufen

send	sent	sent	schicken, senden
set	set	set	legen, stellen
shine	shone	shone	scheinen, leuchten
shoot	shot	shot	schießen
show	showed	shown	zeigen
shut	shut	shut	schließen, zumachen
sing	sang	sung	singen
sit	sat	sat	sitzen
sleep	slept	slept	schlafen
smell	smelt	smelt	riechen, duften
speak	spoke	spoken	sprechen
spell	spelt	spelt	buchstabieren
spend	spent	spent	ausgeben, verbringen
stand	stood	stood	stehen
steal	stole	stolen	stehlen
stick	stuck	stuck	stecken, kleben
strike	struck	struck	schlagen, treffen
swim	swam	swum	schwimmen
take	took	taken	nehmen
teach	taught	taught	unterrichten
tear	tore	torn	zerreißen
tell	told	told	sagen, erzählen
think	thought	thought	meinen, denken
throw	threw	thrown	werfen
understand	understood	understood	verstehen
wake (up)	woke (up)	woken (up)	wecken (aufwachen)
wear	wore	worn	anhaben, tragen
win	won	won	gewinnen
write	wrote	written	schreiben
can	could		können
may	might		dürfen
must	had to		müssen
shall	should		sollen
will	would		wollen, werden

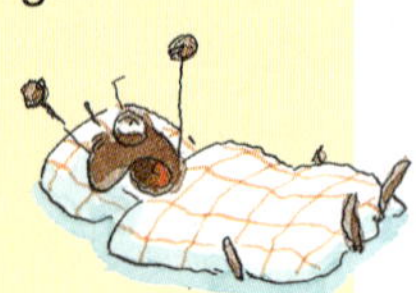

Noch mehr schwierige Veränderungen

Kurze Adjektive und ähnliche Wörter werden so gesteigert: **small** (klein), **smaller** (kleiner), **smallest** (am kleinsten). Längere meist so: **beautiful** (schön), **more beautiful** (schöner), **most beautiful** (am schönsten). Aber manchmal sind sie auch ganz unregelmäßig.

good/well	better	best	gut
bad	worse	worst	schlecht
much/many	more	most	viel
little	less	least	wenig

Farben

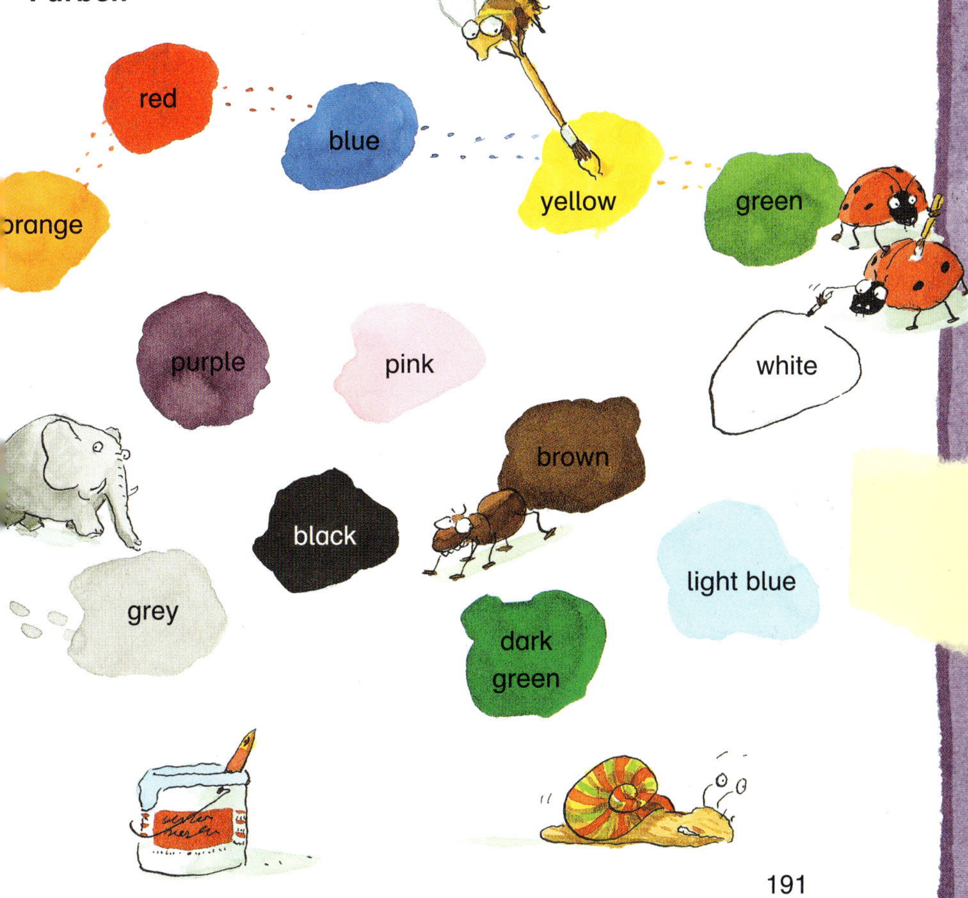

Die schlauen Wörterbücher für die Grundschule

Das Grundschulwörterbuch mit Trainings-CD-ROM

Ab der 2. Klasse

Dieses Wörterbuch enthält mit 11 500 Begriffen den Wortschatz für die Grundschulzeit. Es ermöglicht Kindern ein einfaches Nachschlagen und begleitet sie beim Lernen und Schreiben schwieriger Wörter. Mit nützlichen Extras wie einer Liste sinnverwandter Wörter, Rechtschreibstrategien sowie einem Bildwörterbuch Englisch und Französisch. Die CD-ROM bietet vielfältige Übungsmöglichkeiten mit Arbeitsblättern und interaktiven Spielen.

ISBN 978-3-411-72462-8

Das Grundschulwörterbuch Sag es besser!

Ab der 2. Klasse

Kleine Wörtersucher finden hier über 500 Begriffe mit den wichtigsten sinnverwandten Wörtern und Synonymen. Um das Verständnis weniger bekannter Begriffe und Bedeutungsvarianten zu schulen, gibt es zudem anschauliche Beispielsätze. Das richtige Wort, der treffende Begriff, die spannende Formulierung werden so zum Kinderspiel.

ISBN 978-3-411-72052-1

Ihre Meinung ist uns wichtig! Wie gefällt Ihnen dieses Buch?
Wir freuen uns auf Ihre Rückmeldung unter **www.duden.de/meinung**